Autores varios

Ley de las sociedades limitadas españolas

Barcelona **2024**
Linkgua-ediciones.com

Créditos

Título original: Ley de las sociedades limitadas.

© 2024, Red ediciones S.L.

e-mail: info@Linkgua-ediciones.com

Diseño de cubierta: Michel Mallard.

ISBN tapa dura: 978-84-1126-097-8.
ISBN rústica: 978-84-9953-298-1.
ISBN ebook: 978-84-9953-297-4.

Sumario

Ley de Sociedades de Responsabilidad Limitada

Exposición de motivos

I

1. En el proceso de reforma de la legislación mercantil española, la renovación del derecho de sociedades de responsabilidad limitada se presenta como una objetiva y urgente necesidad. Son variadas las razones en que se fundamenta el cambio legislativo. De un lado, resultan conocidas las insuficiencias de concepción y de régimen jurídico de la Ley especial reguladora, de 17 de julio de 1953, en las que radica una de las causas concurrentes del moderado uso de esta forma social en la realidad española hasta fechas muy recientes. De otro lado, la reforma es consecuencia obligada del nuevo régimen jurídico de las sociedades anónimas, introducido por la Ley 19/1989, de 25 de julio, de reforma parcial y adaptación de la legislación mercantil a las Directivas de la CEE en materia de sociedades. Es evidente, en efecto, que allí donde la sociedad anónima se configura como una forma de polivalencia funcional, la sociedad de responsabilidad limitada tiende a devenir una forma secundaria, o incluso marginal; y, viceversa, cuando la sociedad anónima se configura como la forma específicamente predispuesta para las exigencias de la gran empresa, la sociedad de responsabilidad limitada se potencia y expande. Aunque en el nuevo derecho de las sociedades anónimas, la correspondencia entre sociedad anónima y gran empresa no es absoluta, la elección de esta forma social por empresas de pequeñas y aun medianas dimensiones no resulta completamente aconsejable. El rigor del régimen jurídico de la sociedad anónima, con reducido espacio para la autonomía de la voluntad en la conformación de su funcionamiento interno, unido al coste de la estructura, son factores que deben orientar la elección de la forma en favor de la sociedad de responsabilidad limitada. Al mismo tiempo, la cifra mínima de capital social de la anónima cumple una función disuasoria respecto de las iniciativas económicas más modestas. Estas parecen ser las causas del gran incremento del número de sociedades de responsabilidad limitada que se constituyen, a lo que hay que añadir las muchas transformaciones

9

de sociedades anónimas en sociedades de responsabilidad limitada, especialmente en la fase de adaptación a la Ley 19/1989, de 25 de julio.

2. Ciertamente, la Ley 19/1989, de 25 de julio, ha introducido importantes modificaciones en el régimen jurídico de la sociedad de responsabilidad limitada. En unos casos, por exigencias de adaptación del derecho español a aquellas Directivas aplicables a esta forma social. En otros, por razones de mera oportunidad. Pero esas reformas, preparadas con urgencia, no son suficientes porque, a pesar de ellas, muchos de los problemas planteados bajo la vigencia de la Ley de 17 de julio de 1953 permanecen todavía sin solución. Además, las modificaciones introducidas no siempre tienen en cuenta las particularidades de la forma social, contentándose con remisiones globales que, aunque colman algunas lagunas, suscitan nuevas dificultades de interpretación. Se impone, pues, una reforma global del derecho español de las sociedades de responsabilidad limitada, en la que, desde una concepción más ajustada a las exigencias de la realidad, se ofrezca un régimen jurídico suficiente y preciso.

La pretensión de ofrecer un marco jurídico adecuado para esta forma social exime de introducir en la Ley la previsión del derecho supletorio aplicable, cuya inutilidad e insuficiencia habían sido reiteradamente denunciadas bajo la vigencia del derecho anterior. Ciertamente, en algunas materias el texto legal reproduce —a veces, con precisiones técnicas— determinados preceptos de la Ley de Sociedades Anónimas, o contiene remisiones a concretos artículos de la misma. Pero ni esta ley, ni cualquier otra mercantil especial, tienen el carácter de derecho supletorio.

II

Tres postulados generales deben servir de base al nuevo derecho. El primero hace referencia al carácter híbrido de la sociedad de responsabilidad limitada, cuyo equívoco nombre se decide mantener por la tradición que tiene en el derecho español, no sin reconocer que dicho nombre ha podido constituir en el pasado un factor negativo a la hora de la elección de la forma social; el segundo, es el relativo a su carácter «cerrado»; y el tercero, en fin, se manifiesta en la flexibilidad de su régimen jurídico.

1. En la forma legal de la sociedad de responsabilidad limitada deben convivir en armonía elementos personalistas y elementos capitalistas. Por supuesto, esta forma social coincide con la sociedad anónima tanto en la estructura corporativa como en la limitación de la responsabilidad de los socios. Pero la limitada no es una «pequeña anónima», del mismo modo que tampoco es una colectiva cuyos socios gocen del beneficio de la limitación de responsabilidad. Se trata, pues, de encontrar el necesario equilibrio entre modelos alternativos. La sociedad de responsabilidad limitada se configura, siguiendo el criterio general, como una sociedad en la que los socios no responden personalmente de las deudas sociales y, a la vez, como una sociedad cuyo capital social se divide en participaciones sociales que ni pueden incorporarse a títulos-valores ni estar representadas por medio de anotaciones en cuenta.

2. Es, además, una sociedad esencialmente cerrada, en la que las participaciones sociales tienen restringida la transmisión, excepto en caso de adquisición por socios, por el cónyuge, ascendiente o descendiente del socio o por sociedades pertenecientes al mismo Grupo que la transmitente, que, en defecto de cláusula estatutaria en contrario, constituyen supuestos de transmisiones libres. Este carácter cerrado se manifiesta igualmente en que, salvo disposición contraria de los estatutos, la representación en las reuniones de la Junta General tiene un carácter restrictivo.
Podría parecer que esta característica de la sociedad de responsabilidad limitada se halla en contradicción con la supresión del número máximo de socios, fijado en 50 por la Ley de 17 de julio de 1953. La variable solución que en esta materia siguen las legislaciones más representativas, unida al propósito de ampliar al máximo la utilización de esta forma social, han aconsejado eliminar este límite. A estos argumentos se añade la necesidad de superar las cuestiones que, en ocasiones, se suscitaban en la práctica anterior, principalmente en caso de transmisiones «mortis causa». Como consecuencia de la falta de constancia registral del número exacto de socios, el tercero que adquiría una o varias participaciones desconocía objetivamente si la sociedad podría o no reconocerle la legitimación para

el ejercicio de los derechos derivados de la condición de socio, reconocimiento legalmente prohibido cuando por virtud de la transmisión se superaba el límite personal máximo antes señalado. Ciertamente, al no existir ese límite, puede haber sociedades con un elevado número de socios, circunstancia que quizás plantee problemas para el ágil funcionamiento de la vida social. Pero no es menos cierto que, tanto el régimen especial de transmisión de las participaciones, como algunas otras previsiones legales que alejan esta forma social de los mercados secundarios de valores, pueden constituir en el nuevo régimen legal una barrera natural al posible exceso en el número de socios. Y, en todo caso, los inconvenientes que pudieran derivar de ese exceso deberán ser apreciados por las personas a quienes afecten, quedando confiada a su discrecionalidad la decisión de una eventual transformación.

3. El tercer postulado en que se fundamenta el derecho proyectado es el de la flexibilidad del régimen jurídico —por otra parte, relativamente simple—, a fin de que la autonomía de la voluntad de los socios tenga la posibilidad de adecuar el régimen aplicable a sus específicas necesidades y conveniencias. Al imprescindible mínimo imperativo, se añade así un amplio conjunto de normas supletorias de la voluntad privada, que los socios pueden derogar mediante las oportunas previsiones estatutarias. Los estatutos pueden acentuar el grado de personalización, como, por ejemplo, completando el principio general de adopción de acuerdos por la mayoría de capital con la exigencia del voto favorable de un determinado número de socios; pueden también moé dificar el régimen de transmisión de las participaciones sociales, optando entre exigir el consentimiento de la sociedad o establecer un derecho de adquisición preferente, o intensificar el carácter cerrado que es inherente a esta forma social; o, entre otros ejemplos, pueden sustituir el régimen legal de publicidad de la convocatoria de la Junta o determinar la concreta duración del cargo de administrador que, en otro caso, se configura legalmente por tiempo indefinido.

Con todo, no pueden los socios franquear las fronteras que separan la sociedad anónima y la sociedad de responsabilidad limitada. En la nitidez de esa línea divisoria radica precisamente la garantía de una adecuada elección de las formas sociales. Es posible que en el derecho del futuro la correlación entre las distintas formas sociales tenga que plantearse con criterios jurídicos diferentes; pero, hasta tanto no se afronte esa reforma global, parece conveniente seguir la política legislativa que, con suficiente claridad, se desprende de la Ley 19/1989, de 25 de julio. En este sentido, es esencial para la sociedad de responsabilidad limitada su carácter de sociedad cerrada, de modo tal que, a diferencia de las acciones, las participaciones sociales no puedan ser libremente transmisibles con carácter general. De otro lado, y por la misma razón, debe prohibirse a esta forma social todo cuanto suponga recurrir al ahorro colectivo como medio directo de financiación. Son consecuencias de esta premisa, no solo la imposibilidad de constituir la sociedad por el sistema de fundación sucesiva o de aumentar el capital mediante ofrecimiento público de las participaciones, sino también la prohibición de emisión de obligaciones o bonos, o la severa limitación de los supuestos de adquisición de participaciones propias.

A la preocupación por la flexibilidad del régimen jurídico, va unida la preocupación por un régimen más sencillo y menos costoso que el de las sociedades anónimas. De entre las muchas manifestaciones de este principio de política legislativa, destacan la no exigencia de informe de experto independiente en materia de aportaciones no dinerarias, o de ciertos informes y requisitos de publicidad legal, así como el no reconocimiento del derecho de oposición de los acreedores en aquellos casos de reducción del capital social en los que, por el contrario, la Ley de Sociedades Anónimas lo tiene establecido. La necesaria tutela de los socios y los terceros se articula a través de un régimen sustantivo más riguroso en defensa del capital social. Este es el sentido de la exigencia del íntegro desembolso de las participaciones sociales, y del establecimiento de responsabilidades solidarias por la realidad y valoración de las aportaciones no dinerarias, en caso de reducción del capital con restitución de aportaciones o en el supuesto de percepción de la cuota de liquidación cuando existan deudas sociales no satisfechas.

III

Entre las ideas rectoras de la Ley destaca la de una más intensa tutela del socio y de la minoría. Esta tutela es particularmente necesaria en una forma social en la que, por su carácter cerrado, falta la más eficaz medida de defensa: la posibilidad de negociar libremente en el mercado el valor patrimonial en que se traduce la participación del socio. Este es el sentido de la amplitud con que se admite el derecho de separación del socio, o del reconocimiento expreso del derecho a solicitar la separación de los liquidadores cuando hubieran transcurrido tres años desde la apertura del proceso liquidatorio sin que se haya sometido a la aprobación de la Junta General el balance final de liquidación. Otras muchas normas legales tienen igualmente como fundamento esta preocupación de tutela. Así sucede con las que regulan el ejercicio del derecho de voto en caso de conflicto de intereses, o las que introducen límites al poder de la mayoría en caso de modificaciones estatutarias o para la fijación de la retribución de los administradores.

Por lo que se refiere a la tutela de la minoría, es menester recordar que la Exposición de Motivos de la Ley de 17 de julio de 1953 afirmaba incidentalmente que en la sociedad de responsabilidad limitada «no existe problema de defensa de minorías». Tal afirmación ha sido desmentida por la realidad que, precisamente, parece mostrar que el riesgo de conflicto entre mayoría y minoría es inversamente proporcional a las dimensiones de la empresa. Por ello, la presente Ley ha reducido los porcentajes a los que se atribuyen los derechos minoritarios, a la vez que reconoce nuevos derechos a la minoría como el del examen de la contabilidad, con todos sus antecedentes, que es independiente del derecho de información del socio, concebido este último en términos semejantes al derecho de información del accionista. Manifestación de esta tutela de la minoría aparece también en la exigencia de resolución judicial firme para la eficacia de la exclusión del socio o socios que ostenten un porcentaje cualificado del capital social. Con todo, no se ha considerado conveniente reconocer a la minoría el derecho de representación proporcional en el órgano de administración colegiado, evitando así que el eventual conflicto entre socios o grupos de socios alcance a un órgano en el que, por estrictas razones de eficacia, es aconsejable cierto grado de homogeneidad.

IV
Uno de los aspectos más delicados de la reforma es el relativo a la sociedad unipersonal. En esta materia se han enfrentado tradicionalmente dos concepciones radicalmente diferentes: para algunos, la sociedad unipersonal, sea originaria o sobrevenida, únicamente debe ser cauce jurídico para las exigencias de la pequeña y mediana empresa. Para otros, por el contrario, la admisibilidad general de la socie dad unipersonal no es otra cosa sino un homenaje a la sinceridad de que todo legislador debe hacer gala cuando advierte un divorcio entre la realidad y el derecho legislado —para utilizar las conocidas palabras de la Exposición de Motivos de la Ley de 1951—, de modo tal que el nuevo derecho, a juicio de esta segunda corriente, no solo debe admitir y regular la sociedad unipersonal de responsabilidad limitada, sino también la sociedad anónima unipersonal, la cual debería adquirir carta de naturaleza en la propia Ley, convirtiendo en regla la excepción que hoy contiene la Ley de Sociedades Anónimas para las de carácter público.

De entre estas dos concepciones, la Ley se orienta decididamente por la segunda, admitiendo la unipersonalidad originaria o sobrevenida tanto respecto de las sociedades de responsabilidad limitada como para las sociedades anónimas. Aunque el impulso que generó la Directiva 89/667/CEE, de 21 de diciembre, trata de satisfacer exigencias de las pequeñas y medianas empresas —como se reconoce en el Preámbulo—, el texto de la misma, que por la presente Ley se incorpora al Derecho interno, no impide que se alberguen bajo la unipersonalidad iniciativas de grandes dimensiones, sirviendo así a las exigencias de cualquier clase de empresas. En consonancia con este planteamiento se admite expresamente que la sociedad unipersonal pueda ser constituida por otra sociedad —incluso aunque la fundadora sea, a su vez, unipersonal—, a la vez que se amplía el concepto de unipersonalidad a los casos en los que la titularidad de todas las acciones o participaciones sociales correspondan al socio y a la propia sociedad.

No obstante lo anterior, ha parecido oportuno aclarar el régimen jurídico contenido en la Directiva, a la vez que introducir algunas otras normas con la finalidad fundamental de ampliar la protección de los terceros.

Por razones de mera oportunidad, no procede la aplicación de algunas de estas normas a las sociedades públicas unipersonales.

V

1. Las Directivas del Consejo 90/604/CEE y 90/605/CEE, de 8 de noviembre de 1990 modifican algunos extremos de las Directivas 78/660 y 83/349, relativas a las cuentas anuales de determinadas formas de sociedad y a las cuentas consolidadas. Esta modificación afecta, obviamente, a la disciplina de las cuentas anuales contenida en el capítulo VII de la vigente Ley de Sociedades Anónimas, al tiempo que implica una extensión de la aplicación de dicha disciplina a determinadas sociedades colectivas y comanditarias simples.

En la medida en que esa disciplina es también de aplicación a las sociedades de responsabilidad limitada, parece oportuno y razonable que la nueva ley reguladora de estas sociedades incorpore ya las referidas modificaciones. Mas pareciendo innecesaria una reiteración de los preceptos relativos a las cuentas anuales establecidos para la sociedad anónima, se ha optado por una remisión general a dichos preceptos, matizada por las concretas excepciones que se consideran acordes con las características propias de la sociedad de responsabilidad limitada. Ello implica que las modificaciones introducidas por las Directivas de referencia han de ser incorporadas en la disciplina contable de la sociedad anónima, de modo que mediante aquella remisión legislativa queden también incorporadas a la disciplina contable de la sociedad de responsabilidad limitada.

Por este motivo, junto a los preceptos específicos que figuran incluidos en la Ley, se han redactado las disposiciones adicionales necesarias para la incorporación de las Directivas, aprovechando esta reforma parcial de la disciplina contable de las sociedades mercantiles para clarificar algunos preceptos de la misma que han suscitado ciertas dudas o han planteado algunas dificultades en su interpretación o aplicación.

2. En este sentido, la incorporación de un apartado 5 al número 34 del Código de Comercio pretende evitar las dudas que podría plantear la introducción en el artículo 222 de la Ley de Sociedades Anónimas de una autorización de las cuentas en ecus, al amparo de lo previsto en los artículos 8 y 9 de la Directiva 90/604, dejando claro que, con independencia de esta posible publicación, la formulación de las cuentas será siempre en pesetas. Cubre, además, una laguna que se advierte en la disciplina del Código relativa a las cuentas anuales, introduciendo una norma del mismo tenor literal que la establecida en el artículo 44.7 para las cuentas consolidadas. Por su parte, el nuevo apartado 2 del artículo 41 incorpora la exigencia contenida en el artículo 1.1 de la Directiva 90/605, recurriendo para ello a una fórmula algo más amplia y simple que evita las dificultades de descripción concreta de las sociedades a las que la Directiva extiende el régimen de las cuentas de la sociedad anónima, sin que la ampliación de esa exigencia a algunos supuestos no comprendidos en la Directiva tenga especial relevancia por tratarse de casos que carecen de trascendencia en la práctica española. Finalmente, la modificación del apartado 6 del artículo 42 tiene por objeto la armonización del régimen de las cuentas consolidadas con el artículo 212 de la Ley de Sociedades Anónimas, que no impone el sometimiento del informe de gestión a la aprobación de la Junta General.

3. Las modificaciones en el texto de la Ley de Sociedades Anónimas se concretan en la nueva redacción de los artículos 181 y 190, ampliando la posibilidad de formular estados contables abreviados, y en la supresión en el artículo 201 de la exigencia de que en la memoria abreviada consten las indicaciones a que se refiere la regla decimocuarta del artículo 200 de la Ley. No se ha considerado oportuno, en cambio, hacer uso de la autorización contenida en el artículo 4 de la Directiva 90/604, que autoriza a los Estados miembros a permitir que no se faciliten los datos relativos a la

retribución de los administradores, cuando los mismos permitan identificar la situación de un miembro determinado del órgano de administración. Se ha estimado que, aparte de las dudas que suscita la oportunidad y la justicia del precepto, dejaría vacía de contenido la norma interna del artículo 200-12.º de la Ley de Sociedades Anónimas.

VI

El recurso a la técnica de las disposiciones adicionales se ha considerado procedente, también, para la incorporación a nuestro ordenamiento societario de la disciplina sobre la autocartera indirecta contenida en la Directiva 92/101/CEE. En este sentido, teniendo en cuenta que en la reforma de la disciplina de la sociedad anónima llevada a cabo en 1989 ya se había optado por extender integralmente a la suscripción, adquisición y posesión de acciones de la sociedad dominante el régimen relativo a la suscripción, adquisición y posesión de acciones propias, el cumplimiento del mandato comunitario requería tan solo concretas modificaciones de las disposiciones contenidas en la sección cuarta del capítulo IV del texto refundido de la Ley de Sociedades Anónimas.

Tal vez la modificación más relevante es la que afecta a su artículo 87 que, para su acomodación plena a la Directiva mencionada, precisa ser sustituido en su integridad. En él se ha introducido, en efecto, un concepto de sociedad dominante que respeta las previsiones obligatorias de la letra a) del apartado 1 del artículo 24 bis que la nueva Directiva ha adicionado a la Directiva 77/91/CEE, y aquellas otras facultativas cuya incorporación a nuestro sistema se ha considerado procedente.

El resto de las reformas de la disciplina vigente en materia de autocartera responde, básicamente, a la conveniencia de perfeccionar su formulación actual. A tal efecto, conviene recordar que nuestra Ley de Sociedades Anónimas no había extendido la disciplina de la autocartera directa a la autocartera indirecta mediante la técnica de la cláusula general ahora utilizada por la Directiva 92/101/CEE, sino que, con el fin de lograr mayor certidumbre en la elaboración de una normativa especialmente compleja, ya había preferido establecer en su día esa equiparación punto por punto. La técnica entonces seguida es, ciertamente, de más difícil ejecución y llevaba anejo el riesgo de incurrir en errores o desviaciones de los que el legislador no se salvó íntegramente. Esta circunstancia hace necesario que en este momento, y con el fin de cumplir con mayor fidelidad el mandato comunitario, se subsanen las deficiencias advertidas durante la vigencia de la Ley de 1989, a cuyo fin se introducen en algunos de sus preceptos las modificaciones o adiciones necesarias para dicha subsanación.

Capítulo I. Disposiciones generales

Artículo 1. Concepto.

En la sociedad de responsabilidad limitada, el capital, que estará dividido en participaciones sociales, se integrará por las aportaciones de todos los socios, quienes no responderán personalmente de las deudas sociales.

Artículo 2. Denominación.

1. En la denominación de la Compañía deberá figurar necesariamente la indicación «Sociedad de Responsabilidad Limitada», «Sociedad Limitada» o sus abreviaturas «SRL» o «SL».

2. No se podrá adoptar una denominación idéntica a la de otra sociedad preexistente.

3. Reglamentariamente podrán establecerse ulteriores requisitos para la composición de la denominación social.

Artículo 3. Carácter mercantil.

La sociedad de responsabilidad limitada, cualquiera que sea su objeto, tendrá carácter mercantil.

Artículo 4. Capital social.

El capital no podrá ser inferior a quinientas mil pesetas, se expresará precisamente en esta moneda y desde su origen habrá de estar totalmente desembolsado.

Artículo 5. Participaciones sociales.

1. El capital social estará dividido en participaciones indivisibles y acumulables. Las participaciones atribuirán a los socios los mismos derechos, con las excepciones expresamente establecidas en la presente Ley.

2. Las participaciones sociales no tendrán el carácter de valores, no podrán estar representadas por medio de títulos o de anotaciones en cuenta, ni denominarse acciones.

Artículo 6. Nacionalidad.

1. Serán españolas y se regirán por la presente Ley todas las sociedades de responsabilidad limitada que tengan su domicilio en territorio español, cualquiera que sea el lugar en que se hubieren constituido.

2. Deberán tener su domicilio en España las sociedades de responsabilidad limitada cuyo principal establecimiento o explotación radique dentro de su territorio.

Artículo 7. Domicilio.

1. La sociedad de responsabilidad limitada fijará su domicilio dentro del territorio español en el lugar en que se halle el centro de su efectiva administración y dirección, o en que radique su principal establecimiento o explotación.

2. En caso de discordancia entre el domicilio que conste en el Registro y el que correspondería conforme al apartado anterior, los terceros podrán considerar como domicilio cualquiera de ellos.

Artículo 8. Sucursales.

1. La sociedad de responsabilidad limitada podrá abrir sucursales en cualquier lugar del territorio nacional o del extranjero.

2. Salvo disposición contraria de los estatutos, el órgano de administración será competente para acordar la creación, la supresión o el traslado de las sucursales.

Artículo 9. Prohibición de emisión de obligaciones.

La sociedad de responsabilidad limitada no podrá acordar ni garantizar la emisión de obligaciones u otros valores negociables agrupados en emisiones.

Artículo 10. Créditos y garantías a socios y administradores.

1. La sociedad de responsabilidad limitada podrá conceder a otra sociedad perteneciente al mismo grupo créditos o préstamos, garantías y asistencia financiera, pero, salvo acuerdo de la Junta General para cada caso concreto, no podrá realizar los actos anteriores a favor de sus propios socios y administradores, ni anticiparles fondos.

2. A efectos de lo dispuesto en el apartado anterior, se considerará que existe grupo de sociedades cuando concurra alguno de los casos establecidos en el artículo 42 del Código de Comercio.

Capítulo II. Constitución de la Sociedad

Sección 1.ª Requisitos constitutivos

Artículo 11. Constitución de la sociedad.

1. La sociedad se constituirá mediante escritura pública, que deberá ser inscrita en el Registro Mercantil. Con la inscripción adquirirá la sociedad de responsabilidad limitada su personalidad jurídica.

2. Los pactos que se mantengan reservados entre los socios no serán oponibles a la sociedad.

3. Será de aplicación a la sociedad en formación y a la sociedad irregular lo dispuesto en los artículos 15 y 16 de la Ley de Sociedades Anónimas.

Sección 2.ª Escritura y estatutos

Artículo 12. Escritura de constitución.

1. La escritura de constitución de la sociedad deberá ser otorgada por todos los socios fundadores, por sí o por medio de representante, quienes habrán de asumir la totalidad de las participaciones sociales.

2. En la escritura de constitución se expresarán:

a) La identidad del socio o socios.
b) La voluntad de constituir una sociedad de responsabilidad limitada.
c) Las aportaciones que cada socio realice y la numeración de las participaciones asignadas en pago.
d) Los estatutos de la sociedad.
e) La determinación del modo concreto en que inicialmente se organice la administración, en caso de que los estatutos prevean diferentes alternativas.
f) La identidad de la persona o personas que se encarguen inicialmente de la administración y de la representación social.

3. En la escritura se podrán incluir todos los pactos y condiciones que los socios juzguen conveniente establecer, siempre que no se opongan

a las leyes ni contradigan los principios configuradores de la sociedad de responsabilidad limitada.

Artículo 13. Estatutos.

En los estatutos se hará constar, al menos:

a) La denominación de la sociedad.
b) El objeto social, determinando las actividades que lo integran.
c) La fecha de cierre del ejercicio social.
d) El domicilio social.
e) El capital social, las participaciones en que se divida, su valor nominal y su numeración correlativa.
f) El modo o modos de organizar la administración de la sociedad, en los términos establecidos en esta Ley.

Artículo 14. Comienzo de las operaciones y duración de la sociedad.

1. Salvo disposición contraria de los estatutos, las operaciones sociales darán comienzo en la fecha de otorgamiento de la escritura de constitución. Los estatutos no podrán fijar una fecha anterior a la del otorgamiento de la escritura, excepto en el supuesto de transformación.

2. Salvo disposición contraria de los estatutos, la sociedad tendrá duración indefinida.

Artículo 15. Presentación de la escritura de constitución a inscripción en el Registro Mercantil.

1. La escritura de constitución deberá presentarse a inscripción en el Registro Mercantil del domicilio social en el plazo de dos meses a contar desde la fecha de su otorgamiento.

2. Los fundadores y los administradores responderán solidariamente de los daños y perjuicios que causaren por el incumplimiento de esta obligación.

Sección 3.ª De la nulidad de la sociedad

Artículo 16. Causas de nulidad.

1. Una vez inscrita la sociedad, la acción de nulidad solo podrá ejercitarse por las siguientes causas:

a) Por la incapacidad de todos los socios fundadores.

b) Por no haber concurrido en el acto constitutivo la voluntad efectiva de, al menos, dos socios fundadores, en el caso de pluralidad de éstos, o del socio fundador cuando se trate de sociedad unipersonal.

c) Por resultar el objeto social ilícito o contrario al orden público.

d) Por no haberse desembolsado íntegramente el capital social.

e) Por no expresarse en la escritura de constitución o en los estatutos sociales la denominación de la sociedad, las aportaciones de los socios, la cuantía del capital o el objeto social.

2. Fuera de los casos enunciados en el apartado anterior, no podrá declararse la inexistencia ni la nulidad de la sociedad inscrita, ni tampoco acordarse su anulación.

Artículo 17. Efectos de la declaración de nulidad.

1. La sentencia que declare la nulidad de la sociedad abre su liquidación, que se seguirá por el procedimiento previsto en esta Ley para los casos de disolución.

2. La nulidad no afectará a la validez de las obligaciones o de los créditos de la sociedad frente a terceros, ni a la de los contraídos por éstos frente a la sociedad, sometiéndose unos y otros al régimen propio de la liquidación.

3. Los socios, cuando se dé el supuesto del artículo 16.1. d) de esta Ley, estarán obligados a desembolsar la parte del capital social suscrita y no desembolsada íntegramente.

Capítulo III. Aportaciones sociales

Sección 1.ª De las aportaciones sociales

Artículo 18. Objeto y título de la aportación.

1. Solo podrán ser objeto de aportación los bienes o derechos patrimoniales susceptibles de valoración económica. En ningún caso podrán ser objeto de aportación el trabajo o los servicios.

2. Toda aportación se considera realizada a título de propiedad, salvo que expresamente se estipule de otro modo

Artículo 19. Aportaciones dinerarias.

1. Las aportaciones dinerarias deberán establecerse en moneda nacional. Si la aportación fuese en moneda extranjera, se determinará su equivalencia en pesetas con arreglo a la Ley.

2. Ante el Notario autorizante de la escritura de constitución o de aumento del capital social, deberá acreditarse la realidad de las aportaciones dinerarias mediante certificación del depósito de las correspondientes cantidades a nombre de la sociedad en una entidad de crédito, que el Notario incorporará a la escritura, o mediante su entrega para que aquél lo constituya a nombre de ella.

La vigencia de la certificación será de dos meses a contar de su fecha. En tanto no transcurra el período de vigencia, la cancelación del depósito por quien lo hubiera constituido exigirá la previa devolución de la certificación a la entidad de crédito emisora.

Artículo 20. Aportaciones no dinerarias.

1. En la escritura de constitución o en la de ejecución del aumento del capital social deberán describirse las aportaciones no dinerarias, con sus datos registrales si existieran, la valoración en pesetas que se les atribuya, así como la numeración de las participaciones asignadas en pago.

2. Será de aplicación a las aportaciones no dinerarias lo dispuesto en el artículo 39 de la Ley de Sociedades Anónimas.

Artículo 21. Responsabilidad de la realidad y valoración de las aportaciones no dinerarias.

1. Los fundadores, las personas que ostentaran la condición de socio en el momento de acordarse el aumento de capital y quienes adquieran alguna participación desembolsada mediante aportaciones no dinerarias, responderán solidariamente frente a la sociedad y frente a los acreedores sociales de la realidad de dichas aportaciones y del valor que se les haya atribuido en la escritura. También responderán solidariamente los administradores por la diferencia entre la valoración que hubiesen realizado en cumplimiento de lo dispuesto en el artículo 74.3 de esta Ley y el valor real de las aportaciones no dinerarias.

Si la aportación se hubiera efectuado como contravalor de un aumento de capital, quedarán exentos de esta responsabilidad los socios que hubieran hecho constar en acta su oposición al acuerdo de aumento o a la valoración atribuida a la aportación.

2. La acción de responsabilidad deberá ser ejercitada por los administradores o por los liquidadores de la sociedad. Para el ejercicio de la acción no será preciso el previo acuerdo de la sociedad.

3. La acción de responsabilidad podrá ser ejercitada, además, por cualquier socio que haya votado en contra del acuerdo siempre que represen-

te al menos el cinco por ciento de la cifra del capital social y por cualquier acreedor en caso de insolvencia de la sociedad.

4. La responsabilidad frente a la sociedad y frente a los acreedores sociales a que se refiere este artículo prescribirá a los cinco años a contar del momento en que se hubiera realizado la aportación.

5. Quedan excluidos de la responsabilidad solidaria los socios cuyas aportaciones no dinerarias sean sometidas a valoración pericial conforme a lo previsto en el artículo 38 de la Ley de Sociedades Anónimas.

Sección 2.ª De las prestaciones accesorias

Artículo 22. Carácter estatutario.

1. En los estatutos podrán establecerse, con carácter obligatorio para todos o algunos de los socios, prestaciones accesorias distintas de las aportaciones de capital, expresando su contenido concreto y determinado y si se han de realizar gratuitamente o mediante retribución.

2. Los estatutos podrán vincular la obligación de realizar prestaciones accesorias a la titularidad de una o varias participaciones sociales concretamente determinadas.

Artículo 23. Prestaciones accesorias retribuidas.

En el caso de que las prestaciones accesorias sean retribuidas los estatutos determinarán la compensación que hayan de recibir los socios que las realicen. La cuantía de la retribución no podrá exceder en ningún caso del valor que corresponda a la prestación.

Artículo 24. Transmisión de participaciones con prestación accesoria.

1. Será necesaria la autorización de la sociedad para la transmisión voluntaria por actos inter vivos de cualquier participación perteneciente a un socio personalmente obligado a realizar prestaciones accesorias y para la transmisión de aquellas concretas participaciones sociales que lleven vinculada la referida obligación.

2. Salvo disposición contraria de los estatutos, la autorización será competencia de la Junta General.

Artículo 25. Modificación de la obligación de realizar prestaciones accesorias.

1. La creación, la modificación y la extinción anticipada de la obligación de realizar prestaciones accesorias deberá acordarse con los requisitos previstos para la modificación de los estatutos y requerirá, además, el consentimiento individual de los obligados.

2. Por el incumplimiento de la obligación de realizar prestaciones accesorias por causas involuntarias no se perderá la condición de socio, salvo disposición contraria de los estatutos.

Capítulo IV. Régimen de las participaciones sociales

Sección 1.ª Disposiciones generales

Artículo 26. Documentación de las transmisiones.

1. La transmisión de las participaciones sociales, así como la constitución del derecho real de prenda sobre las mismas, deberán constar en documento público.

La constitución de derechos reales diferentes del referido en el párrafo anterior sobre las participaciones sociales deberá constar en escritura pública.

2. El adquirente de las participaciones sociales podrá ejercer los derechos de socio frente a la sociedad desde que ésta tenga conocimiento de la transmisión o constitución del gravamen.

Artículo 27. Libro registro de socios.

1. La sociedad llevará un Libro registro de socios, en el que se harán constar la titularidad originaria y las sucesivas transmisiones, voluntarias o forzosas, de las participaciones sociales, así como la constitución de derechos reales y otros gravámenes sobre las mismas. En cada anotación se indicará la identidad y domicilio del titular de la participación o del derecho o gravamen constituido sobre aquélla.

2. La sociedad solo podrá rectificar el contenido del Libro registro si los interesados no se hubieran opuesto a la rectificación en el plazo de un mes desde la notificación fehaciente del propósito de proceder a la misma.

3. Cualquier socio podrá examinar el Libro registro de socios, cuya llevanza y custodia corresponde al órgano de administración.

4. El socio y los titulares de derechos reales o de gravámenes sobre las participaciones sociales, tienen derecho a obtener certificación de las participaciones, derechos o gravámenes registrados a su nombre.

5. Los datos personales de los socios podrán modificarse a su instancia, no surtiendo entre tanto efectos frente a la sociedad.

Artículo 28. Intransmisibilidad de las participaciones antes de la Inscripción.

Hasta la inscripción de la sociedad o, en su caso, del acuerdo de aumento del capital en el Registro Mercantil no podrán transmitirse las participaciones sociales.

Sección 2.ª Régimen de la transmisión de las participaciones sociales

Artículo 29. Régimen de la transmisión voluntaria por actos «inter vivos».

1. Salvo disposición contraria de los estatutos, será libre la transmisión voluntaria de participaciones por actos inter vivos entre socios, así como la realizada en favor del cónyuge, ascendiente o descendiente del socio o en favor de sociedades pertenecientes al mismo grupo que la transmitente. En los demás casos, la transmisión está sometida a las reglas y limitaciones que establezcan los estatutos y, en su defecto, las establecidas en esta Ley.

2. A falta de regulación estatutaria, la transmisión voluntaria de participaciones sociales por actos «inter vivos» se regirá por las siguientes reglas:

a) El socio que se proponga transmitir su participación o participaciones deberá comunicarlo por escrito a los administradores, haciendo constar el número y características de las participaciones que pretende transmitir, la identidad del adquirente y el precio y demás condiciones de la transmisión.

b) La transmisión quedará sometida al consentimiento de la sociedad, que se expresará mediante acuerdo de la Junta General, previa inclusión del asunto en el orden del día, adoptado por la mayoría ordinaria establecida por la Ley.

c) La sociedad solo podrá denegar el consentimiento si comunica al transmitente, por conducto notarial, la identidad de uno o varios socios o terceros que adquieran la totalidad de las participaciones. No será necesaria ninguna comunicación al transmitente si concurrió a la Junta General donde se adoptaron dichos acuerdos. Los socios concurrentes a la Junta General tendrán preferencia para la adquisición. Si son varios los socios concurrentes interesados en adquirir, se distribuirán las participaciones entre todos ellos a prorrata de su participación en el capital social.

d) El precio de las participaciones, la forma de pago y las demás condiciones de la operación, serán las convenidas y comunicadas a la sociedad por el socio transmitente. Si el pago de la totalidad o de parte del precio estuviera aplazado en el proyecto de transmisión, para la adquisición de las participaciones será requisito previo que una entidad de crédito garantice el pago del precio aplazado.

En los casos en que la transmisión proyectada fuera a título oneroso distinto de la compraventa o a título gratuito, el precio de adquisición será el fijado de común acuerdo por las partes y, en su defecto, el valor real de las participaciones el día en que se hubiera comunicado a la sociedad el propósito de transmitir. Se entenderá por valor real el que determine el auditor de cuentas de la sociedad y, si ésta no estuviera obligada a la verificación de las cuentas anuales, el fijado por un auditor designado por el Registrador mercantil del domicilio social a solicitud de cualquiera de los interesados. En ambos casos, la retribución del auditor será satisfecha por la sociedad.

En los casos de aportación a sociedad anónima o comanditaria por acciones, se entenderá por valor real de las participaciones el que resulte del informe elaborado por el experto independiente nombrado por el Registrador mercantil.

e) El documento público de transmisión deberá otorgarse en el plazo de un mes a contar desde la comunicación por la sociedad de la identidad del adquirente o adquirentes.

f) El socio podrá transmitir las participaciones en las condiciones comunicadas a la sociedad, cuando hayan transcurrido tres meses desde que hubiera puesto en conocimiento de ésta su propósito de transmitir sin que la sociedad le hubiera comunicado la identidad del adquirente o adquirentes.

Artículo 30. Cláusulas estatutarias prohibidas.

1. Serán nulas las cláusulas estatutarias que hagan prácticamente libre la transmisión voluntaria de las participaciones sociales por actos inter vivos.

2. Serán nulas las cláusulas estatutarias por las que el socio que ofrezca la totalidad o parte de sus participaciones quede obligado a transmitir un número diferente al de las ofrecidas.

3. Solo serán válidas las cláusulas que prohíban la transmisión voluntaria de las participaciones sociales por actos «inter vivos», si los estatutos reconocen al socio el derecho a separarse de la sociedad en cualquier momento. La incorporación de estas cláusulas a los estatutos sociales exigirá el consentimiento de todos los socios.

4. No obstante lo establecido en el apartado anterior, los estatutos podrán impedir la transmisión voluntaria de las participaciones por actos inter vivos, o el ejercicio del derecho de separación, durante un período de tiempo no superior a cinco años a contar desde la constitución de la socie-dad, o para las participaciones procedentes de una ampliación de capital, desde el otorgamiento de la escritura pública de su ejecución.

Artículo 31. Régimen de la transmisión forzosa.

1. El embargo de participaciones sociales, en cualquier procedimiento de apremio, deberá ser notificado inmediatamente a la sociedad por el Juez o Autoridad administrativa que lo haya decretado, haciendo constar la identidad del embargante así como las participaciones embargadas. La sociedad procederá a la anotación del embargo en el Libro registro de socios, remitiendo de inmediato a todos los socios copia de la notificación recibida.

2. Celebrada la subasta o, tratándose de cualquier otra forma de enajena-ción forzosa legalmente prevista, en el momento anterior a la adjudicación, quedará en suspenso la aprobación del remate y la adjudicación de las participaciones sociales embargadas. El Juez o la Autoridad administrativa remitirán a la sociedad testimonio literal del acta de subasta o del acuerdo de adjudicación y, en su caso, de la adjudicación solicitada por el acreedor.

La sociedad trasladará copia de dicho testimonio a todos los socios en el plazo máximo de cinco días a contar de la recepción del mismo.

3. El remate o la adjudicación al acreedor serán firmes transcurrido un mes a contar de la recepción por la sociedad del testimonio a que se refiere el apartado anterior. En tanto no adquieran firmeza, los socios y, en su defecto, y solo para el caso de que los estatutos establezcan en su favor el derecho de adquisición preferente, la sociedad, podrán subrogarse en lugar del rematante o, en su caso, del acreedor, mediante la aceptación expresa de todas las condiciones de la subasta y la consignación íntegra del importe del remate o, en su caso, de la adjudicación al acreedor y de todos los gastos causados. Si la subrogación fuera ejercitada por varios socios, las participaciones se distribuirán entre todos a prorrata de sus respectivas partes sociales.

Artículo 32. Régimen de la transmisión «mortis causa».

1. La adquisición de alguna participación social por sucesión hereditaria confiere al heredero o legatario la condición de socio.

2. No obstante lo dispuesto en el apartado anterior, los estatutos podrán establecer en favor de los socios sobrevivientes un derecho de adquisición de las participaciones del socio fallecido, apreciadas en el valor real que tuvieren el día del fallecimiento del socio, cuyo precio se pagará al contado. La valoración se regirá por lo dispuesto en el artículo 100 y el derecho de adquisición habrá de ejercitarse en el plazo máximo de tres meses a contar desde la comunicación a la sociedad de la adquisición hereditaria.

Artículo 33. Régimen general de las transmisiones.

El régimen de la transmisión de las participaciones sociales será el vigente en la fecha en que el socio hubiera comunicado a la sociedad el propósito de transmitir o, en su caso, en la fecha de fallecimiento del socio o en la de la adjudicación judicial o administrativa.

Artículo 34. Ineficacia de las transmisiones con infracción de ley o de los estatutos.

Las transmisiones de participaciones sociales que no se ajusten a lo previsto en la Ley o, en su caso, a lo establecido en los estatutos no producirán efecto alguno frente a la sociedad.

Sección 3.ª Derechos reales sobre las participaciones sociales

Artículo 35. Copropiedad de participaciones.

En caso de copropiedad sobre una o varias participaciones sociales, los copropietarios habrán de designar una sola persona para el ejercicio de los derechos de socio, y responderán solidariamente frente a la sociedad de cuantas obligaciones se deriven de esta condición. La misma regla se aplicará a los demás supuestos de cotitularidad de derechos sobre las participaciones.

Artículo 36. Usufructo de participaciones sociales.

1. En caso de usufructo de participaciones la cualidad de socio reside en el nudo propietario, pero el usufructuario tendrá derecho en todo caso a los dividendos acordados por la sociedad durante el usufructo. Salvo disposición contraria de los estatutos, el ejercicio de los demás derechos del socio corresponde al nudo propietario.

2. En las relaciones entre el usufructuario y el nudo propietario regirá lo que determine el título constitutivo del usufructo y, en su defecto, lo dispuesto en la legislación civil aplicable.

3. Salvo que el título constitutivo del usufructo disponga otra cosa, será de aplicación lo dispuesto en los artículos 68 y 70 de la Ley de Sociedades Anónimas a la liquidación del usufructo y al ejercicio del derecho de asun-

ción de nuevas participaciones. En este último caso, las cantidades que hayan de pagarse por el nudo propietario al usufructuario, se abonarán en dinero.

Artículo 37. Prenda de participaciones sociales.

Salvo disposición contraria de los estatutos, en caso de prenda de participaciones corresponderá al propietario de éstas el ejercicio de los derechos de socio.

En caso de ejecución de la prenda se aplicarán las reglas previstas para el caso de transmisión forzosa por el artículo 31 de esta Ley.

Artículo 38. Embargo de participaciones sociales.

En caso de embargo de participaciones, se observarán las disposiciones contenidas en el artículo anterior, siempre que sean compatibles con el régimen específico del embargo.

Sección 4.ª Adquisición de las propias participaciones

Artículo 39. Adquisición originaria.

1. En ningún caso podrá una sociedad de responsabilidad limitada asumir participaciones propias, ni acciones o participaciones emitidas por su sociedad dominante.

2. En el caso de que la asunción haya sido realizada por persona interpuesta, los fundadores y, en su caso, los administradores responderán solidariamente del reembolso de las participaciones asumidas.

3. En los supuestos contemplados en el apartado anterior, quedarán exentos de responsabilidad quienes demuestren no haber incurrido en culpa.

Artículo 40. Adquisición derivativa.

1. La sociedad de responsabilidad limitada solo podrá adquirir sus propias participaciones, o acciones o participaciones de su sociedad dominante en los siguientes casos:

a) Cuando formen parte de un patrimonio adquirido a título universal, o sean adquiridas a título gratuito o como consecuencia de una adjudicación judicial para satisfacer un crédito de la sociedad contra el titular de las mismas.

b) Cuando las participaciones propias se adquieran en ejecución de un acuerdo de reducción del capital adoptado por la Junta General.

c) Cuando las participaciones propias se adquieran en el caso previsto en el artículo 31.3 de esta Ley.

2. Las participaciones propias adquiridas por la sociedad deberán ser inmediatamente amortizadas. Cuando la adquisición no comporte devolución de aportaciones a los socios, la sociedad deberá dotar una reserva por el importe del valor nominal de las participaciones amortizadas, la cual será indisponible hasta que transcurran cinco años a contar desde la publicación de la reducción en el «Boletín Oficial del Registro Mercantil», salvo que antes del vencimiento de dicho plazo hubieren sido satisfechas todas las deudas sociales contraídas con anterioridad a la fecha en que la reducción fuera oponible a terceros.

3. Las participaciones o acciones de la sociedad dominante deberán ser enajenadas en el plazo máximo de un año a contar desde su adquisición. En tanto no sean enajenadas, será de aplicación lo dispuesto en el artículo 79 de la Ley de Sociedades Anónimas.

4. La sociedad de responsabilidad limitada no podrá aceptar en prenda o en otra forma de garantía sus propias participaciones o las acciones o participaciones emitidas por sociedad del grupo al que pertenezca.

5. La sociedad de responsabilidad limitada no podrá anticipar fondos, conceder créditos o préstamos, prestar garantía, ni facilitar asistencia financiera para la adquisición de sus propias participaciones o de las acciones o participaciones emitidas por sociedad del grupo al que la sociedad pertenezca.

Artículo 41. Participaciones recíprocas.

Se aplicará a las participaciones recíprocas lo dispuesto en los artículos 82 a 88 de la Ley de Sociedades Anónimas.

Artículo 42. Régimen sancionador.

1. La infracción de cualquiera de las prohibiciones establecidas en esta sección será sancionada con multa, que se impondrá a los administradores de la sociedad infractora, previa instrucción del procedimiento, por el Ministerio de Economía y Hacienda, con audiencia de los interesados y conforme al Reglamento del procedimiento para el ejercicio de la potestad sancionadora, por importe de hasta el valor nominal de las participaciones o acciones suscritas, adquiridas o aceptadas en garantía por la sociedad o adquiridas por un tercero con asistencia financiera de la sociedad.

2. El incumplimiento del deber de amortizar o enajenar previsto en los artículos anteriores será considerado como infracción independiente.

3. Las infracciones a que se refiere el presente artículo prescribirán a los tres años.

Capítulo V. Órganos sociales

Sección 1.ª Junta general

Artículo 43. Disposición general.

1. Los socios, reunidos en Junta General, decidirán por la mayoría legal o estatutariamente establecida, en los asuntos propios de la competencia de la Junta.

2. Todos los socios, incluso los disidentes y los que no hayan participado en la reunión, quedan sometidos a los acuerdos de la Junta General.

Artículo 44. Competencia de la Junta General.

1. Es competencia de la Junta General deliberar y acordar sobre los siguientes asuntos:

a) La censura de la gestión social, la aprobación de las cuentas anuales y la aplicación del resultado.

b) El nombramiento y separación de los administradores, liquidadores y, en su caso, de los auditores de cuentas, así como el ejercicio de la acción social de responsabilidad contra cualquiera de ellos.

c) La autorización a los administradores para el ejercicio, por cuenta propia o ajena, del mismo, análogo o complementario género de actividad que constituya el objeto social.

d) La modificación de los estatutos sociales.

e) El aumento y la reducción del capital social.

f) La transformación, fusión y escisión de la sociedad.

g) La disolución de la sociedad.

h) Cualesquiera otros asuntos que determinen la ley o los estatutos.

2. Además, y salvo disposición contraria de los estatutos, la Junta General podrá impartir instrucciones al órgano de administración o someter a autorización la adopción por dicho órgano de decisiones o acuerdos sobre determinados asuntos de gestión, sin perjuicio de lo establecido en el artículo 63.

Artículo 45. Convocatoria de la Junta General.

1. La Junta General será convocada por los administradores y, en su caso, por los liquidadores de la sociedad.

2. Los administradores convocarán la Junta General para su celebración dentro de los seis primeros meses de cada ejercicio con el fin de censurar la gestión social, aprobar, en su caso, las cuentas del ejercicio anterior y resolver sobre la aplicación del resultado. También deberán convocar la Junta General en las fechas o períodos que determinen los estatutos.

Si estas Juntas Generales no fueran convocadas dentro del plazo legal, podrán serlo por el Juez de Primera Instancia del domicilio social, a solicitud de cualquier socio y previa audiencia de los administradores.

3. Los administradores convocarán asimismo la Junta General siempre que lo consideren necesario o conveniente y, en todo caso, cuando lo soliciten uno o varios socios que representen, al menos, el cinco por cien del capital social, expresando en la solicitud los asuntos a tratar en la Junta. En este caso, la Junta General deberá ser convocada para su celebración dentro del mes siguiente a la fecha en que se hubiere requerido notarialmente a los administradores para convocarla, debiendo incluirse necesariamente en el orden del día los asuntos que hubiesen sido objeto de solicitud.

Si los administradores no atienden oportunamente a la solicitud, podrá realizarse la convocatoria por el Juez de Primera Instancia del domicilio social, si lo solicita el porcentaje del capital social a que se refiere el párrafo anterior y previa audiencia de los administradores.

4. En caso de muerte o de cese del administrador único, de todos los administradores que actúen individualmente, de alguno de los administradores que actúen conjuntamente, o de la mayoría de los miembros del Consejo de Administración, sin que existan suplentes, cualquier socio podrá solicitar del Juez de Primera Instancia del domicilio social la convocatoria de Junta General para el nombramiento de los administradores. Además, cualquiera de los administradores que permanezcan en el ejercicio del cargo podrá convocar la Junta General con ese único objeto.

5. En los casos en que proceda convocatoria judicial de la Junta, el Juez resolverá sobre la misma en el plazo de un mes desde que le hubiere sido formulada la solicitud y, si la acordare, designará libremente al Presidente y al Secretario de la Junta. Contra la resolución por la que se acuerde la convocatoria de la Junta no cabrá recurso alguno. Los gastos de la convocatoria serán de cuenta de la sociedad.

Artículo 46. Forma y contenido de la convocatoria.

1. La Junta General será convocada mediante anuncio publicado en el «Boletín Oficial del Registro Mercantil» y en uno de los diarios de mayor circulación en el término municipal en que esté situado el domicilio social.

2. Los estatutos podrán establecer, en sustitución del sistema anterior, que la convocatoria se realice mediante anuncio publicado en un determinado diario de circulación en el término municipal en que esté situado el domicilio social, o por cualquier procedimiento de comunicación, individual y escrita, que asegure la recepción del anuncio por todos los socios en el domicilio designado al efecto o en el que conste en el Libro registro de socios. En caso de socios que residan en el extranjero, los estatutos podrán prever que solo serán individualmente convocados si hubieran designado un lugar del territorio nacional para notificaciones.

3. Entre la convocatoria y la fecha prevista para la celebración de la reunión deberá existir un plazo de, al menos, quince días. En los casos de convocatoria individual a cada socio, el plazo se computará a partir de la fecha en que hubiere sido remitido el anuncio al último de ellos.

4. En todo caso, la convocatoria expresará el nombre de la sociedad, la fecha y hora de la reunión, así como el orden del día, en el que figurarán los asuntos a tratar.

En el anuncio de convocatoria por medio de comunicación individual y escrita figurará asimismo el nombre de la persona o personas que realicen la comunicación.

Artículo 47. Lugar de celebración.

Salvo disposición contraria de los estatutos, la Junta General se celebrará en el término municipal donde la sociedad tenga su domicilio. Si en la convocatoria no figurase el lugar de celebración, se entenderá que la Junta ha sido convocada para su celebración en el domicilio social.

Artículo 48. Junta universal.

1. La Junta General quedará válidamente constituida para tratar cualquier asunto, sin necesidad de previa convocatoria, siempre que esté presente o representada la totalidad del capital social y los concurrentes acepten por unanimidad la celebración de la reunión y el orden del día de la misma.

2. La Junta universal podrá reunirse en cualquier lugar del territorio nacional o del extranjero.

Artículo 49. Asistencia y representación.

1. Todos los socios tienen derecho a asistir a la Junta General. Los estatutos no podrán exigir para la asistencia a las reuniones de la Junta General la titularidad de un número mínimo de participaciones.

2. El socio, podrá hacerse representar en las reuniones de la Junta General por medio de otro socio, su cónyuge, ascendientes, descendientes o persona que ostente poder general conferido en documento público con facultades para administrar todo el patrimonio que el representado tuviere en territorio nacional. Los estatutos podrán autorizar la representación por medio de otras personas.

3. La representación comprenderá la totalidad de las participaciones de que sea titular el socio representado y deberá conferirse por escrito. Si no constare en documento público, deberá ser especial para cada Junta.

Artículo 50. Mesa de la Junta General.

Salvo disposición contraria de los estatutos, el Presidente y el Secretario de la Junta General serán los del Consejo de Administración y, en su defecto, los designados, al comienzo de la reunión, por los socios concurrentes.

Artículo 51. Mesa de la Junta General.

Salvo disposición contraria de los estatutos, el Presidente y el Secretario de la Junta General serán los del Consejo de Administración y, en su defecto, los designados, al comienzo de la reunión, por los socios concurrentes.

Artículo 52. Conflicto de intereses.

1. El socio no podrá ejercer el derecho de voto correspondiente a sus participaciones cuando se trate de adoptar un acuerdo que le autorice a transmitir participaciones de las que sea titular, que le excluya de la sociedad, que le libere de una obligación o le conceda un derecho, o por el que la sociedad decida anticiparle fondos, concederle créditos o préstamos, prestar garantías en su favor o facilitarle asistencia financiera, así como cuando, siendo administrador, el acuerdo se refiera a la dispensa de la prohibición de competencia o al establecimiento con la sociedad de una relación de prestación de cualquier tipo de obras o servicios.

2. Las participaciones sociales del socio en algunas de las situaciones de conflicto de intereses contempladas en el apartado anterior, se deducirán del capital social para el cómputo de la mayoría de votos que en cada caso sea necesaria.

Artículo 53. Principio mayoritario.

1. Los acuerdos sociales se adoptarán por mayoría de los votos válidamente emitidos, siempre que representen al menos un tercio de los votos correspondientes a las participaciones sociales en que se divida el capital social. No se computarán los votos en blanco.

2. Por excepción a lo dispuesto en el apartado anterior:

a) El aumento o la reducción del capital y cualquier otra modificación de los estatutos sociales para la que no se exija mayoría cualificada requerirán el voto favorable de más de la mitad de los votos correspondientes a las participaciones en que se divida el capital social.

b) La transformación, fusión o escisión de la sociedad, la supresión del derecho de preferencia en los aumentos de capital, la exclusión de socios y la autorización a que se refiere el apartado 1 del artículo 65, requerirán el voto favorable de al menos dos tercios de los votos correspondientes a las participaciones en que se divida el capital social.

3. Para todos o algunos asuntos determinados, los estatutos podrán exigir un porcentaje de votos favorables superior al establecido por la Ley, sin llegar a la unanimidad. Asimismo, los estatutos podrán exigir, además de la proporción de votos legal o estatutariamente establecida, el voto favorable de un determinado número de socios. Queda a salvo lo dispuesto en los artículos 68 y 69.

4. Salvo disposición contraria de los estatutos, cada participación social concede a su titular el derecho a emitir un voto.

Artículo 54. Constancia en acta de los acuerdos sociales.

1. Todos los acuerdos sociales deberán constar en acta.

2. El acta incluirá necesariamente la lista de asistentes y deberá ser aprobada por la propia Junta al final de la reunión o, en su defecto, y dentro del plazo de quince días, por el Presidente de la Junta General y dos socios interventores, uno en representación de la mayoría y otro por la minoría.

3. El acta tendrá fuerza ejecutiva a partir de la fecha de su aprobación.

Artículo 55. Acta notarial de la Junta General.

1. Los administradores podrán requerir la presencia de Notario para que levante acta de la Junta General y estarán obligados a hacerlo siempre que, con cinco días de antelación al previsto para la celebración de la Junta, lo soliciten socios que representen, al menos, el cinco por ciento del capital social. En este último caso, los acuerdos solo serán eficaces si constan en acta notarial.

2. El acta notarial no se someterá a trámite de aprobación, tendrá la consideración de acta de la Junta y fuerza ejecutiva desde la fecha de su cierre.

3. Los honorarios notariales serán de cargo de la sociedad.

Artículo 56. Impugnación de los acuerdos de la Junta General.

La impugnación de los acuerdos de la Junta General se regirá por lo establecido para la impugnación de los acuerdos de la Junta General de accionistas en la Ley de Sociedades Anónimas.

Sección 2.ª Administradores

Artículo 57. Modos de organizar la administración.

1. La administración de la sociedad se podrá confiar a un administrador único, a varios administradores que actúen solidaria o conjuntamente, o a un Consejo de Administración.

En caso de Consejo de Administración, los estatutos o, en su defecto, la Junta General, fijarán el número mínimo y máximo de sus componentes, sin que en ningún caso pueda ser inferior a tres ni superior a doce. Además, los estatutos establecerán el régimen de organización y funcionamiento del Consejo que deberá comprender, en todo caso, las reglas de convocatoria y constitución del órgano así como el modo de deliberar y adoptar acuerdos por mayoría. La delegación de facultades se regirá por lo establecido para las sociedades anónimas.

2. Los estatutos podrán establecer distintos modos de organizar la administración, atribuyendo a la Junta General la facultad de optar alternativamente por cualquiera de ellos, sin necesidad de modificación estatutaria.

3. Todo acuerdo de modificación del modo de organizar la administración de la sociedad, constituya o no modificación de los estatutos, se consignará en escritura pública y se inscribirá en el Registro Mercantil.

Artículo 58. Nombramiento.

1. La competencia para el nombramiento de los administradores corresponde exclusivamente a la Junta General.

2. Salvo disposición contraria de los estatutos, para ser nombrado administrador no se requerirá la condición de socio.

3. No pueden ser administradores los quebrados y concursados no rehabilitados, los menores e incapacitados, los condenados a penas que lleven aneja la inhabilitación para el ejercicio de cargo público, los que hubieran sido condenados por grave incumplimiento de leyes o disposiciones sociales y aquellos que por razón de su cargo no puedan ejercer el comercio. Tampoco podrán ser administradores de las sociedades los funcionarios al servicio de la Administración con funciones a su cargo que se relacionen con las actividades propias de la sociedad de que se trate.

4. El nombramiento de los administradores surtirá efecto desde el momento de su aceptación.

Artículo 59. Administradores suplentes.

1. Salvo disposición contraria de los estatutos, podrán ser nombrados suplentes de los administradores para el caso de que cesen por cualquier causa uno o varios de ellos. El nombramiento y aceptación de los suplentes como administradores se inscribirán en el Registro Mercantil una vez producido el cese del anterior titular.

2. Si los estatutos establecen un plazo determinado de duración del cargo de administrador, el nombramiento del suplente se entenderá efectuado por el período pendiente de cumplir por la persona cuya vacante se cubra.

Artículo 60. Duración del cargo.

1. Los administradores ejercerán su cargo por tiempo indefinido; salvo que los estatutos establezcan un plazo determinado, en cuyo caso podrán ser reelegidos una o más veces por períodos de igual duración.

2. Cuando los estatutos establezcan plazo determinado, el nombramiento caducará cuando, vencido el plazo, se haya celebrado Junta General o haya transcurrido el plazo para la celebración de la Junta que ha de resolver sobre la aprobación de las cuentas del ejercicio anterior.

Artículo 61. Ejercicio del cargo.

1. Los administradores desempeñarán su cargo con la diligencia de un ordenado empresario y de un representante leal.

2. Deberán guardar secreto sobre las informaciones de carácter confidencial, aun después de cesar en sus funciones.

Artículo 62. Representación de la sociedad.

1. La representación de la sociedad, en juicio y fuera de él, corresponde a los administradores.

2. La atribución del poder de representación a los administradores se regirá por las siguientes reglas:

a) En el caso de administrador único, el poder de representación corresponderá necesariamente a éste.

b) En caso de varios administradores solidarios, el poder de representación corresponde a cada administrador, sin perjuicio de las disposiciones estatutarias o de los acuerdos de la Junta sobre distribución de facultades, que tendrán un alcance meramente interno.

c) En el caso de varios administradores conjuntos, el poder de representación se ejercerá mancomunadamente al menos por dos de ellos en la forma determinada en los estatutos.

d) En el caso de Consejo de Administración, el poder de representación corresponde al propio Consejo, que actuará colegiadamente. No obstante, los estatutos podrán atribuir el poder de representación a uno o varios miembros del Consejo a título individual o conjunto.

Cuando el Consejo, mediante el acuerdo de delegación, nombre una Comisión ejecutiva o uno o varios Consejeros delegados, se indicará el régimen de su actuación.

Artículo 63. Ámbito de la representación.

1. La representación se extenderá a todos los actos comprendidos en el objeto social delimitado en los estatutos. Cualquier limitación de las facultades representativas de los administradores, aunque se halle inscrita en el Registro Mercantil, será ineficaz frente a terceros.

2. La sociedad quedará obligada frente a terceros que hayan obrado de buena fe y sin culpa grave, aun cuando se desprenda de los estatutos inscritos en el Registro Mercantil que el acto no está comprendido en el objeto social.

Artículo 64. Notificaciones a la sociedad.

Cuando la administración no se hubiera organizado en forma colegiada, las comunicaciones o notificaciones a la sociedad podrán dirigirse a cualquiera de los administradores. En caso de Consejo de Administración, se dirigirán a su Presidente.

Artículo 65. Prohibición de competencia.

1. Los administradores no podrán dedicarse, por cuenta propia o ajena, al mismo, análogo o complementario género de actividad que constituya el objeto social, salvo autorización expresa de la sociedad, mediante acuerdo de la Junta General.

2. Cualquier socio podrá solicitar del Juez de Primera Instancia del domicilio social el cese del administrador que haya infringido la prohibición anterior.

Artículo 66. Carácter gratuito del cargo.

1. El cargo de administrador es gratuito, a menos que los estatutos establezcan lo contrario, determinando el sistema de retribución.

2. Cuando la retribución tenga como base una participación en los beneficios, los estatutos determinarán concretamente la participación, que en ningún caso podrá ser superior al diez por ciento de los beneficios repartibles entre los socios.

3. Cuando la retribución no tenga como base una participación en los beneficios, la remuneración de los administradores será fijada para cada ejercicio por acuerdo de la Junta General.

Artículo 67. Prestación de servicios por los administradores.

El establecimiento o la modificación de cualquier clase de relaciones de prestación de servicios o de obra entre la sociedad y uno o varios de sus administradores requerirán acuerdo de la Junta General.

Artículo 68. Separación de los administradores.

1. Los administradores podrán ser separados de su cargo por la Junta General aun cuando la separación no conste en el orden del día.

2. Los estatutos no podrán exigir para el acuerdo de separación una mayoría superior a los dos tercios de los votos correspondientes a las participaciones en que se divida el capital social.

Artículo 69. Responsabilidad de los administradores.

1. La responsabilidad de los administradores de la sociedad de responsabilidad limitada se regirá por lo establecido para los administradores de la sociedad anónima.

2. El acuerdo de la Junta General que decida sobre el ejercicio de la acción de responsabilidad requerirá la mayoría prevista en el apartado 1 del artículo 53, que no podrá ser modificada por los estatutos.

Artículo 70. Impugnación de acuerdos.

1. Los administradores podrán impugnar los acuerdos nulos y anulables del Consejo de Administración en el plazo de treinta días desde su adopción. Igualmente podrán impugnar tales acuerdos los socios que represen-

ten el cinco por cien del capital social en el plazo de treinta días desde que tuvieron conocimiento de los mismos y siempre que no haya transcurrido un año desde su adopción.

2. La impugnación se tramitará conforme a lo establecido para la impugnación de los acuerdos de la Junta General de accionistas en la Ley de Sociedades Anónimas.

Capítulo VI. Modificación de estatutos. Aumento y reducción del capital social

Artículo 71. Modificación de los estatutos.

1. Cualquier modificación de los estatutos deberá ser acordada por la Junta General. En la convocatoria se expresarán, con la debida claridad, los extremos que hayan de modificarse. Los socios tienen derecho a examinar en el domicilio social el texto íntegro de la modificación propuesta.
Cuando la modificación implique nuevas obligaciones para los socios o afecte a sus derechos individuales deberá adoptarse con el consentimiento de los interesados o afectados.

2. La modificación se hará constar en escritura pública, que se inscribirá en el Registro Mercantil y se publicará en el «Boletín Oficial del Registro Mercantil».

Artículo 72. Cambio de domicilio.

1. No obstante lo dispuesto en el artículo anterior, el órgano de administración será competente, salvo disposición contraria de los estatutos, para cambiar el domicilio social dentro del mismo término municipal.

2. El acuerdo de transferir al extranjero el domicilio de la sociedad solo podrá adoptarse cuando exista un Convenio internacional vigente en

España que lo permita con mantenimiento de la misma personalidad jurídica.

Artículo 73. Aumento del capital social.

1. El aumento del capital social podrá realizarse por creación de nuevas participaciones o por elevación del valor nominal de las ya existentes.

2. En ambos casos, el contravalor del aumento del capital social podrá consistir tanto en nuevas aportaciones dinerarias o no dinerarias al patrimonio social, incluida la aportación de créditos contra la sociedad, como en la transformación de reservas o beneficios que ya figuraban en dicho patrimonio.

Artículo 74. Requisitos del aumento.

1. Cuando el aumento haya de realizarse elevando el valor nominal de las participaciones sociales será preciso el consentimiento de todos los socios, salvo en el caso de que se haga íntegramente con cargo a reservas o beneficios de la sociedad.

2. Cuando el aumento se realice por compensación de créditos, éstos habrán de ser totalmente líquidos y exigibles. Al tiempo de la convocatoria de la Junta General, se pondrá a disposición de los socios en el domicilio social un informe del órgano de administración sobre la naturaleza y características de los créditos en cuestión, la identidad de los aportantes, el número de participaciones sociales que hayan de crearse y la cuantía del aumento de capital, en el que expresamente se hará constar la concordancia de los datos relativos a los créditos con la contabilidad social. Dicho informe se incorporará a la escritura pública que documente la ejecución del aumento.

3. Cuando el contravalor del aumento consista en aportaciones no dinerarias, será preciso que al tiempo de la convocatoria de la Junta General

se ponga a disposición de los socios un informe de los administradores en el que se describirán con detalle las aportaciones proyectadas, su valoración, las personas que hayan de efectuarlas, el número de participaciones sociales que hayan de crearse, la cuantía del aumento del capital y las garantías adoptadas para la efectividad del aumento según la naturaleza de los bienes en que la aportación consista.

4. Cuando el aumento del capital se haga con cargo a reservas podrán utilizarse para tal fin las reservas disponibles, las primas de asunción de las participaciones sociales y la totalidad de la reserva legal. Deberá servir de base a la operación un balance aprobado por la Junta General que deberá referirse a una fecha comprendida dentro de los seis meses inmediatamente anteriores al acuerdo y se incorporará a la escritura pública de aumento.

Artículo 75. Derecho de preferencia.

1. En los aumentos del capital con creación de nuevas participaciones sociales cada socio tendrá derecho a asumir un número de participaciones proporcional al valor nominal de las que posea.

No habrá lugar a este derecho de preferencia cuando el aumento se deba a la absorción de otra sociedad o de todo o parte del patrimonio escindido de otra sociedad.

2. El derecho de preferencia se ejercitará en el plazo que se hubiera fijado al adoptar el acuerdo de aumento, sin que pueda ser inferior a un mes desde la publicación del anuncio de la oferta de asunción de las nuevas participaciones en el «Boletín Oficial del Registro Mercantil».

El órgano de administración podrá sustituir la publicación del anuncio por una comunicación escrita a cada uno de los socios y, en su caso, a los usufructuarios inscritos en el Libro registro de socios, computándose el plazo de asunción de las nuevas participaciones desde el envío de la comunicación.

3. La transmisión voluntaria del derecho de preferencia por actos «inter vivos» podrá en todo caso efectuarse a favor de las personas que, conforme a esta Ley o, en su caso, a los estatutos de la sociedad, puedan adquirir libremente las participaciones sociales. Los estatutos podrán además reconocer la posibilidad de la transmisión a otras personas, sometiéndola al mismo sistema y condiciones previstos para la transmisión «inter vivos» de las participaciones sociales, con modificación, en su caso, de los plazos establecidos en dicho sistema.

4. Salvo que los estatutos dispongan otra cosa, las participaciones no asumidas en el ejercicio del derecho establecido en este artículo serán ofrecidas por el órgano de administración a los socios que lo hubieren ejercitado, para su asunción y desembolso durante un plazo no superior a quince días desde la conclusión del señalado para la asunción preferente. Si existieren varios socios interesados en asumir las participaciones ofrecidas, éstas se adjudicarán en proporción a las que cada uno de ellos ya tuviere en la sociedad. Durante los quince días siguientes a la finalización del plazo anterior, el órgano de administración podrá adjudicar las participaciones no asumidas a personas extrañas a la sociedad.

Artículo 76. Exclusión del derecho de preferencia.

La Junta General, al decidir el aumento del capital, podrá acordar la supresión total o parcial del derecho de preferencia con los siguientes requisitos:

a) Que en la convocatoria de la Junta se haya hecho constar la propuesta de supresión del derecho de preferencia y el derecho de los socios a examinar en el domicilio social el informe a que se refiere el número siguiente.

b) Que con la convocatoria de la Junta se ponga a disposición de los socios un informe elaborado por el órgano de administración, en el que se especifique el valor real de las participaciones de la sociedad y se justifiquen detalladamente la propuesta y la contraprestación a satisfacer por las nuevas participaciones, con indicación de las personas a las que éstas habrán de atribuirse.

c) Que el valor nominal de las nuevas participaciones más, en su caso, el importe de la prima, se corresponda con el valor real atribuido a las participaciones en el informe de los administradores.

Artículo 77. Aumento incompleto.

Cuando el aumento del capital social no se hubiera desembolsado íntegramente dentro del plazo fijado al efecto, el capital quedará aumentado en la cuantía desembolsada, salvo que en el acuerdo se hubiera previsto que el aumento quedará sin efecto en caso de desembolso incompleto. En este último caso, el órgano de administración deberá restituir las aportaciones realizadas, dentro del mes siguiente al vencimiento del plazo fijado para el desembolso. Si las aportaciones fueran dinerarias, la restitución podrá hacerse mediante consignación del importe a nombre de los respectivos aportantes en una entidad de crédito del domicilio social, comunicando a éstos por escrito la fecha de la consignación y la entidad depositaria.

Artículo 78. Inscripción del aumento del capital social.

1. La escritura que documente la ejecución deberá expresar los bienes o derechos aportados y, si el aumento se hubiere realizado por creación de nuevas participaciones sociales, la identidad de las personas a quienes se hayan adjudicado, la numeración de las participaciones atribuidas, así como la declaración del órgano de administración de que la titularidad se ha hecho constar en el Libro registro de socios.

2. El acuerdo de aumento del capital social y la ejecución del mismo deberán inscribirse simultáneamente en el Registro Mercantil.

3. Si, transcurridos seis meses desde que se abrió el plazo para asumir el aumento del capital, no se hubieran presentado para su inscripción en el Registro Mercantil los documentos acreditativos de la ejecución del

aumento, los aportantes podrán exigir la restitución de las aportaciones realizadas.

Si la falta de presentación de los documentos a inscripción fuere imputable a la sociedad, podrán exigir también el interés legal.

Artículo 79. Reducción del capital social.

1. La reducción del capital social podrá tener por finalidad la restitución de aportaciones o el restablecimiento del equilibrio entre el capital y el patrimonio contable de la sociedad disminuido por consecuencia de pérdidas.

2. Cuando la reducción no afecte por igual a todas las participaciones será preciso el consentimiento de todos los socios.

Artículo 80. Reducción de capital social por restitución de aportaciones.

1. Los socios a quienes se hubiera restituido la totalidad o parte de sus aportaciones responderán solidariamente entre sí y con la sociedad del pago de las deudas sociales contraídas con anterioridad a la fecha en que la reducción fuera oponible a terceros.

2. La responsabilidad de cada socio tendrá como límite el importe de lo percibido en concepto de restitución de la aportación social.

3. La responsabilidad de los socios prescribirá a los cinco años a contar desde la fecha en que la reducción fuese oponible a terceros.

4. No habrá lugar a la responsabilidad a que se refieren los apartados anteriores, si al acordarse la reducción se dotara una reserva con cargo a beneficios o reservas libres por un importe igual al percibido por los socios en concepto de restitución de la aportación social. Esta reserva será indisponible hasta que transcurran cinco años a contar desde la publicación de la reducción en el «Boletín Oficial del Registro Mercantil», salvo que antes del vencimiento de dicho plazo hubieren sido satisfechas todas las deudas

sociales contraídas con anterioridad a la fecha en que la reducción fuera oponible a terceros.

5. En la inscripción en el Registro Mercantil de la ejecución del acuerdo, deberá expresarse la identidad de las personas a quienes se hubiera restituido la totalidad o parte de las aportaciones sociales o, en su caso, la declaración del órgano de administración de que ha sido constituida la reserva a que se refiere el apartado anterior.

Artículo 81. Garantías estatutarias para la restitución de aportaciones.

1. Los estatutos podrán establecer que, ningún acuerdo de reducción del capital que implique restitución de sus aportaciones a los socios podrá llevarse a efecto sin que transcurra un plazo de tres meses a contar desde la fecha en que se haya notificado a los acreedores.

2. Dicha notificación se hará personalmente, y si ello no fuera posible, por desconocerse el domicilio de los acreedores, por medio de anuncios que habrán de publicarse en el «Boletín Oficial del Registro Mercantil» y en un diario de los de mayor circulación en la localidad en que radique el domicilio de la sociedad.

3. Durante dicho plazo, los acreedores ordinarios podrán oponerse a la ejecución del acuerdo de reducción, si sus créditos no son satisfechos o la sociedad no presta garantía. Será nula toda restitución que se realice antes de transcurrir el plazo de tres meses o a pesar de la oposición entablada, en tiempo y forma, por cualquier acreedor.

4. La devolución de capital habrá de hacerse a prorrata de las respectivas participaciones sociales, salvo que, por unanimidad, se acuerde otro sistema.

Artículo 82. Reducción para compensar pérdidas.

1. No se podrá reducir el capital para restablecer el equilibrio entre el capital y el patrimonio contable disminuido por consecuencia de pérdidas, en tanto que la sociedad cuente con cualquier clase de reservas.

2. El balance que sirva de base a la operación deberá referirse a una fecha comprendida dentro de los seis meses inmediatamente anteriores al acuerdo y estar aprobado por la Junta General, previa su verificación por los auditores de cuentas de la sociedad, cuando ésta estuviere obligada a verificar sus cuentas anuales, y si no lo estuviere, la verificación se realizará por el auditor de cuentas que al efecto designen los administradores.

El balance y su verificación se incorporarán a la escritura pública de reducción.

Artículo 83. Reducción y aumento del capital simultáneos.

1. El acuerdo de reducción del capital a cero o por debajo de la cifra mínima legal solo podrá adoptarse cuando simultáneamente se acuerde la transformación de la sociedad o el aumento de su capital hasta una cantidad igual o superior a la mencionada cifra mínima.

En todo caso habrá de respetarse el derecho de preferencia de los socios, sin que en este supuesto quepa su supresión.

2. La eficacia del acuerdo de reducción quedará condicionada, en su caso, a la ejecución del acuerdo de aumento del capital.

3. La inscripción del acuerdo de reducción en el Registro Mercantil no podrá practicarse a no ser que simultáneamente se presente a inscripción el acuerdo de transformación o de aumento del capital, así como, en este último caso, su ejecución.

Capítulo VII. Cuentas anuales

Artículo 84. Disposición general.

En todo lo no previsto en esta Ley, será de aplicación a las sociedades de responsabilidad limitada lo establecido en el capítulo VII de la Ley de Sociedades Anónimas.

Artículo 85. Distribución de dividendos.

Salvo disposición contraria de los estatutos, la distribución de dividendos a los socios se realizará en proporción a su participación en el capital socia

Artículo 86. Derecho de examen de la contabilidad.

1. A partir de la convocatoria de la Junta General, cualquier socio podrá obtener de la sociedad, de forma inmediata y gratuita, los documentos que han de ser sometidos a la aprobación de la misma, así como el informe de gestión y, en su caso, el informe de los auditores de cuentas.
En la convocatoria se hará mención de este derecho.

2. Durante el mismo plazo y salvo disposición contraria de los estatutos, el socio o socios que representen al menos el cinco por cien del capital podrán examinar en el domicilio social, por sí o en unión de experto contable, los documentos que sirvan de soporte y de antecedente de las cuentas anuales.

3. Lo dispuesto en el párrafo anterior no impide ni limita el derecho de la minoría a que se nombre un auditor de cuentas con cargo a la sociedad.

Capítulo VIII. Transformación, fusión y escisión de la sociedad

Sección 1.ª Transformación

Artículo 87. Transformación de la sociedad de responsabilidad limitada.

1. La sociedad de responsabilidad limitada podrá transformarse en sociedad colectiva, en sociedad comanditaria, simple o por acciones, en sociedad anónima, así como en agrupación de interés económico.

2. Cuando el objeto de la sociedad de responsabilidad limitada no sea mercantil, podrá transformarse además en sociedad civil.

3. La sociedad de responsabilidad limitada también podrá transformarse en sociedad cooperativa, de conformidad con lo previsto en la legislación reguladora de esta última. En este caso, serán aplicables el artículo 90 de esta Ley y, con carácter supletorio, las demás disposiciones de la presente sección.

Artículo 88. Acuerdo de transformación.

1. La transformación de la sociedad habrá de ser acordada por la Junta General, con los requisitos y formalidades establecidos para la modificación de los estatutos.

2. La Junta General deberá aprobar el balance de la sociedad, cerrado el día anterior al del acuerdo, así como las menciones exigidas por la Ley para la constitución de la sociedad cuya forma se adopte.

3. El acuerdo no podrá modificar la participación de los socios en el capital social. A cambio de las participaciones sociales que desaparezcan, los socios tendrán derecho a que se les asignen las cuotas o las acciones que les correspondan en proporción a las participaciones que cada uno de ellos tuviere en la sociedad que se transforma.

Artículo 89. Escritura pública de transformación.

La escritura pública de transformación, que habrá de ser otorgada por la sociedad y por todos los socios que pasen a responder personalmente de las deudas sociales, contendrá las menciones exigidas por la Ley para la constitución de la sociedad cuya forma se adopte, así como la relación de socios que hayan hecho uso del derecho de separación y el capital que representen. Si la sociedad resultante de la transformación fuere anónima o comanditaria por acciones, se incorporará a la escritura el informe de los expertos independientes sobre el patrimonio social no dinerario y se indicará en la misma el número de acciones que correspondan a cada una de las participaciones.

Artículo 90. Inscripción de la transformación.

1. La escritura pública de transformación de la sociedad de responsabilidad limitada, se presentará para su inscripción en el Registro Mercantil, acompañada del balance de la sociedad cerrado el día anterior a la fecha del acuerdo de transformación y el balance final cerrado el día anterior al del otorgamiento de la escritura. En caso de transformación en sociedad anónima, solo se acompañará el primero de los balances indicados.

Sin perjuicio de los efectos atribuidos a la necesaria publicación en el «Boletín Oficial del Registro Mercantil», la eficacia de la transformación quedará supeditada a la inscripción de la escritura pública en el Registro Mercantil.

2. Si la sociedad resultante de la transformación fuera cooperativa, la escritura pública se presentará para su inscripción en el Registro de Cooperativas que corresponda de conformidad con la legislación estatal o autonómica aplicable, acompañada de los balances a que se refiere el apartado anterior, así como de certificación del Registro Mercantil en la que consten la transcripción literal de los asientos que hayan de quedar vigentes y la declaración de inexistencia de obstáculos para la inscripción de la transformación. Una vez emitida la certificación, el Registrador Mercantil extenderá nota de cierre provisional de la hoja de la sociedad que se transforma. Inscrita la transformación, el Registro de Cooperativas lo comunicará de oficio al Registrador Mercantil correspondiente, quien procederá a la inmediata cancelación de los asientos relativos a la socie-

dad y a la publicación de la transformación en el «Boletín Oficial del Registro Mercantil».

Artículo 91. Continuidad de la sociedad transformada.

1. La transformación efectuada con arreglo a lo prevenido en esta Ley no cambiará la personalidad jurídica de la sociedad, que continuará subsistiendo bajo la forma nueva.

2. Los socios que en virtud de la transformación asuman responsabilidad ilimitada o cualquier otra clase de responsabilidad personal por las deudas sociales responderán en la misma forma de las deudas anteriores a la transformación.

Artículo 92. Transformación de sociedades civiles, colectivas, comanditarias, anónimas o agrupaciones de interés económico, en sociedad de responsabilidad limitada.

1. La transformación de sociedades civiles, colectivas, comanditarias simples o por acciones, anónimas o de agrupaciones de interés económico, en sociedades de responsabilidad limitada, no afectará a la personalidad jurídica de la sociedad transformada y se hará constar en escritura pública, que habrá de expresar necesariamente todas las menciones previstas para la de constitución de una sociedad de responsabilidad limitada.

2. La escritura pública de transformación, en la que se incluirá la manifestación de los otorgantes, bajo su responsabilidad, de que el patrimonio social cubre el capital, se presentará para su inscripción en el Registro Mercantil, acompañada del balance cerrado el día anterior al del acuerdo de transformación.

3. Salvo que los acreedores sociales hubieran consentido expresamente la transformación, subsistirá la responsabilidad de los socios colectivos o de los socios de la sociedad civil transformada por las deudas sociales

contraídas con anterioridad a la transformación de la sociedad. Esta responsabilidad prescribirá a los cinco años a contar desde la publicación de la transformación en el «Boletín Oficial del Registro Mercantil».

Artículo 93. Transformación de sociedades cooperativas en sociedad de responsabilidad limitada.

1. Las sociedades cooperativas podrán transformarse en sociedades de responsabilidad limitada. La transformación no afectará a la personalidad jurídica de la sociedad transformada.

2. El acuerdo de transformación deberá constar en escritura pública que contendrá las menciones previstas para la constitución de una sociedad de responsabilidad limitada.

La escritura de transformación se presentará para su inscripción en el Registro Mercantil acompañada del balance cerrado el día anterior al del acuerdo de transformación, así como de certificación del Registro de Cooperativas correspondiente en la que consten la transcripción literal de los asientos que hayan de quedar vigentes y la declaración de inexistencia de obstáculos para la inscripción de la transformación. Al emitirse la certificación se extenderá nota de cierre provisional de la hoja de la sociedad que se transforma. Inscrita la transformación, el Registrador Mercantil lo comunicará de oficio al Registro de Cooperativas, que procederá a la inmediata cancelación de los asientos relativos a la sociedad.

3. En defecto de normas específicamente aplicables, la transformación quedará sometida a las siguientes disposiciones:

a) El acuerdo de transformación deberá ser adoptado de conformidad con lo establecido para la modificación de los estatutos de la sociedad cooperativa que se transforma.

b) El Fondo de Reserva Obligatorio, el Fondo de Educación y Promoción y cualesquiera otros Fondos o Reservas que no sean repartibles entre los socios, recibirán el destino establecido para el caso de disolución de las sociedades cooperativas.

c) Si la legislación aplicable reconociere a los socios el derecho de separación en caso de transformación o de modificación de los estatutos, la escritura pública de transformación contendrá la relación de quienes hayan hecho uso del mismo y el capital que representen, así como el balance final cerrado el día anterior al del otorgamiento de la escritura.

d) Salvo que los acreedores sociales hubieran consentido expresamente la transformación, la responsabilidad personal de los socios que la tuvieren subsistirá en sus mismos términos por las deudas sociales contraídas con anterioridad a la transformación. Esta responsabilidad prescribirá a los cinco años a contar desde la publicación de la transformación en el «Boletín Oficial del Registro Mercantil».

Sección 2.ª Fusión y escisión

Artículo 94. Régimen de la fusión y de la escisión.

1. La fusión de cualesquiera sociedades en una sociedad de responsabilidad limitada nueva, la absorción de una o más sociedades por otra de responsabilidad limitada ya existente, y la escisión de la sociedad de responsabilidad limitada, se regirán por lo establecido en las secciones 2.ª y 3.ª del capítulo VIII de la Ley de Sociedades Anónimas, en cuanto sean aplicables, entendiéndose efectuadas a socios y participaciones sociales sus referencias a accionistas y acciones.

2. No obstante lo establecido en el apartado anterior, solo existirá obligación de someter el proyecto de fusión o escisión al informe de expertos independientes cuando alguna de las sociedades que se extingan como consecuencia de la fusión o alguna de las sociedades beneficiarias de la escisión revista la forma anónima o comanditaria por acciones.

3. La sociedad de responsabilidad limitada en liquidación podrá participar en una fusión o en una escisión siempre que no haya comenzado el

reparto de su patrimonio entre los socios. Será necesaria la autorización judicial para participar en una fusión o escisión en los supuestos en que la liquidación sea consecuencia de la resolución judicial a que se refiere al artículo 104.2 de la presente Ley.

Capítulo IX. Separación y exclusión de socios

Artículo 95. Causas legales de separación de los socios.

Los socios que no hubieran votado a favor del correspondiente acuerdo tendrán derecho a separarse de la sociedad en los siguientes casos:

a) Sustitución del objeto social.

b) Traslado del domicilio social al extranjero, cuando exista un Convenio internacional vigente en España que lo permita con mantenimiento de la misma personalidad jurídica de la sociedad.

c) Modificación del régimen de transmisión de las participaciones sociales.

d) Prórroga o reactivación de la sociedad.

e) Transformación en sociedad anónima, sociedad civil, cooperativa, colectiva o comanditaria, simple o por acciones, así como en agrupación de interés económico.

f) Creación, modificación o extinción anticipada de la obligación de realizar prestaciones accesorias, salvo disposición contraria de los estatutos.

Artículo 96. Causas estatutarias de separación.

Los estatutos podrán establecer causas distintas de separación a las previstas en la presente Ley. En este caso, determinarán el modo en que deberá acreditarse la existencia de la causa, la forma de ejercitar el derecho de separación y el plazo para su ejercicio. Para la incorporación a los estatutos, la modificación o la supresión de estas causas de separación será necesario el consentimiento de todos los socios.

Artículo 97. Ejercicio del derecho de separación.

1. Los acuerdos que den lugar al derecho de separación se publicarán en el «Boletín Oficial del Registro Mercantil». El órgano de administración podrá sustituir dicha publicación por una comunicación escrita a cada uno de los socios que no hayan votado a favor del acuerdo.

El derecho de separación podrá ejercitarse en tanto no transcurra un mes contado desde la publicación del acuerdo o desde la recepción de la comunicación.

2. Para la inscripción en el Registro Mercantil de la escritura pública que documente los acuerdos, será necesario que en la misma escritura o en otra posterior se contenga la reducción del capital en los términos del artículo 102 o la declaración de los administradores de que ningún socio ha ejercitado el derecho de separación dentro del plazo anteriormente establecido.

Artículo 98. Causas de exclusión de los socios.

La sociedad de responsabilidad limitada podrá excluir al socio que incumpla la obligación de realizar prestaciones accesorias, así como al socio administrador que infrinja la prohibición de competencia o hubiera sido condenado por sentencia firme a indemnizar a la sociedad los daños y perjuicios causados por actos contrarios a esta Ley o a los estatutos o realizados sin la debida diligencia.

Con el consentimiento de todos los socios podrán incorporarse a los estatutos otras causas de exclusión o modificarse las estatutarias.

Artículo 99. Procedimiento de exclusión.

1. La exclusión requerirá acuerdo de la Junta General. En el acta de la reunión se hará constar la identidad de los socios que hayan votado a favor del acuerdo.

2. Salvo en el caso de condena del socio administrador a indemnizar a la sociedad en los términos del artículo precedente, la exclusión de un socio con participación igual o superior al veinticinco por ciento en el capital social requerirá, además del acuerdo de la Junta General, resolución judicial firme, siempre que el socio no se conforme con la exclusión acordada. Cualquier socio que hubiera votado a favor del acuerdo estará legitimado para ejercitar la acción de exclusión en nombre de la sociedad, cuando ésta no lo hubiera hecho en el plazo de un mes a contar desde la fecha de adopción del acuerdo de exclusión.

Artículo 100. Valoración de las participaciones.

1. A falta de acuerdo sobre el valor real de las participaciones sociales o sobre la persona o personas que hayan de valorarlas y el procedimiento a seguir para su valoración, las participaciones serán valoradas por el auditor de cuentas de la sociedad y, si ésta no estuviera obligada a verificación contable, por el que nombre el Registrador Mercantil del domicilio social a solicitud de la sociedad o de cualquiera de los socios titulares de las participaciones que hayan de ser valoradas.

2. Para el ejercicio de su función, el auditor podrá obtener de la sociedad todas las informaciones y documentos que considere útiles y proceder a todas las verificaciones que estime necesarias. En el plazo máximo de dos meses a contar desde su nombramiento, el auditor emitirá su informe, que notificará inmediatamente a la sociedad y a los socios afectados por conducto notarial, acompañando copia, y depositará otra en el Registro Mercantil.

Artículo 101. Reembolso de las participaciones sociales.

Dentro de los dos meses siguientes a la recepción del informe de valoración, los socios afectados tendrán derecho a obtener en el domicilio social el reembolso del valor de las participaciones sociales que se amortizan. Transcurrido dicho plazo, los administradores consignarán en entidad de crédito del término municipal en que radique el domicilio social, a nombre de los interesados, la cantidad correspondiente al referido valor.

Artículo 102. Escritura pública de reducción del capital social.

1. Efectuado el reembolso de las participaciones o consigna do su importe, los administradores, sin necesidad de acuerdo específico de la Junta General, otorgarán inmediatamente escritura pública de reducción del capital social, expresando en ella las participaciones amortizadas, la identidad del socio o socios afectados, la causa de la amortización, la fecha del reembolso o de la consignación y la cifra a que hubiera quedado reducido el capital social.

2. En el caso de que, como consecuencia de la reducción, el capital social descendiera por debajo del mínimo legal, se otorgará asimismo escritura pública y será de aplicación lo dispuesto en el artículo 108, computándose el plazo establecido en ese artículo desde la fecha del reembolso o de la consignación.

Artículo 103. Responsabilidad de los socios separados o excluidos.

1. Los socios a quienes se hubiere reembolsado el valor de las participaciones amortizadas estarán sujetos al régimen de responsabilidad por las deudas sociales establecido para el caso de reducción de capital por restitución de aportaciones.

2. En el supuesto previsto en el artículo 81 de la presente Ley solamente podrá producirse el reembolso una vez que haya transcurrido el plazo de tres meses contado desde la fecha de notificación a los acreedores o la publicación en el «Boletín Oficial del Registro Mercantil» y en un diario de los de mayor circulación en la localidad en que radique el domicilio social, y siempre que los acreedores ordinarios no hubiesen ejercido el derecho de oposición.

Capítulo X. De la disolución y liquidación

Sección 1.ª Disolución

Artículo 104. Causas de disolución.

1. La sociedad de responsabilidad limitada se disolverá:

a) Por cumplimiento del término fijado en los estatutos, de conformidad con lo establecido en el artículo 107.
b) Por acuerdo de la Junta General adoptado con los requisitos y la mayoría establecidos para la modificación de los estatutos.
c) Por la conclusión de la empresa que constituya su objeto, la imposibilidad manifiesta de conseguir el fin social, o la paralización de los órganos sociales de modo que resulte imposible su funcionamiento.
d) Por falta de ejercicio de la actividad o actividades que constituyan el objeto social durante tres años consecutivos.
e) Por consecuencia de pérdidas que dejen reducido el patrimonio contable a menos de la mitad del capital social, a no ser que éste se aumente o se reduzca en la medida suficiente.
f) Por reducción del capital social por debajo del mínimo legal. Cuando la reducción sea consecuencia del cumplimiento de una ley se estará a lo dispuesto en el artículo 108.
g) Por cualquier otra causa establecida en los estatutos.

2. La quiebra de la sociedad determinará su disolución cuando se acuerde expresamente como consecuencia de la resolución judicial que la declare.

Artículo 105. Acuerdo de disolución.

1. En los casos previstos en las letras c) a g) del apartado 1 y en el apartado 2 del artículo anterior, la disolución requerirá acuerdo de la Junta General adoptado por la mayoría a que se refiere el apartado 1 del artículo

53. Los administradores deberán convocar la Junta General en el plazo de dos meses para que adopte el acuerdo de disolución. Cualquier socio podrá solicitar de los administradores la convocatoria si, a su juicio, concurriera alguna de dichas causas de disolución.

2. La Junta General podrá adoptar el acuerdo de disolución o aquél o aquéllos que sean necesarios para la remoción de la causa.

3. Si la Junta no fuera convocada, no se celebrara, o no adoptara alguno de los acuerdos previstos en el apartado anterior, cualquier interesado podrá instar la disolución de la sociedad ante el Juez de Primera Instancia del domicilio social. La solicitud de disolución judicial deberá dirigirse contra la sociedad.

4. Los administradores están obligados a solicitar la disolución judicial de la sociedad cuando el acuerdo social fuese contrario a la disolución o no pudiera ser logrado. La solicitud habrá de formularse en el plazo de dos meses a contar desde la fecha prevista para la celebración de la Junta, cuando ésta no se haya constituido, o desde el día de la Junta, cuando el acuerdo hubiera sido contrario a la disolución o no se hubiera adoptado.

5. El incumplimiento de la obligación de convocar Junta General o de solicitar la disolución judicial determinará la responsabilidad solidaria de los administradores por todas las deudas sociales.

Artículo 106. Reactivación de la sociedad disuelta.

1. La Junta General podrá acordar el retorno de la sociedad disuelta a su vida activa siempre que haya desaparecido la causa de disolución, el patrimonio contable no sea inferior al capital social y no haya comenzado el pago de la cuota de liquidación a los socios. El acuerdo de reactivación se adoptará con los requisitos y la mayoría establecidos para la modificación de los estatutos.

2. No podrá acordarse la reactivación en los casos de disolución de pleno derecho.

3. Los acreedores sociales podrán oponerse al acuerdo de reactivación, en las mismas condiciones y con los mismos efectos previstos en la Ley para el caso de fusión.

Artículo 107. Disolución por transcurso del término.

Transcurrido el término fijado en los estatutos, la sociedad se disolverá de pleno derecho, a no ser que con anterioridad hubiera sido expresamente prorrogada e inscrita la prórroga en el Registro Mercantil.

Artículo 108. Disolución por reducción del capital por debajo del mínimo legal.

1. Cuando la reducción del capital social por debajo del mínimo legal sea consecuencia del cumplimiento de una ley, la sociedad quedará disuelta de pleno derecho si, transcurrido un año desde la adopción del acuerdo de reducción, no se hubiere inscrito en el Registro Mercantil su transformación o disolución, o el aumento de su capital hasta una cantidad igual o superior a dicho mínimo legal.

2. Transcurrido el plazo establecido en el apartado anterior sin que se hubiere inscrito la transformación o la disolución de la sociedad o el aumento de su capital, los administradores responderán personal y solidariamente entre sí y con la sociedad de las deudas sociales. El Registrador, de oficio o a instancia de cualquier interesado, hará constar la disolución de pleno derecho en la hoja abierta a la sociedad.

Sección 2.ª Liquidación

Artículo 109. Período de liquidación.

1. La disolución de la sociedad abre el período de liquidación.

2. La sociedad disuelta conservará su personalidad jurídica mientras la liquidación se realiza. Durante ese tiempo deberá añadir a su denominación la expresión «en liquidación».

3. Durante el período de liquidación continuarán aplicándose a la sociedad las normas previstas en esta Ley que no sean incompatibles con las establecidas en esta sección.

Artículo 110. Nombramiento de liquidadores.

1. Con la apertura del período de liquidación cesarán en su cargo los administradores. Quienes fueren administradores al tiempo de la disolución quedarán convertidos en liquidadores, salvo que se hubieren designado otros en los estatutos o que, al acordar la disolución, los designe la Junta General.

2. En caso de fallecimiento o de cese del liquidador único, de todos los liquidadores solidarios, de alguno de los liquidadores que actúen conjuntamente, o de la mayoría de los liquidadores que actúen colegiadamente, sin que existan suplentes, cualquier socio o persona con interés legítimo podrá solicitar del Juez de Primera Instancia del domicilio social la convocatoria de Junta General para el nombramiento de los liquidadores. Además, cualquiera de los liquidadores que permanezcan en el ejercicio del cargo podrá convocar la Junta General con ese único objeto.

3. Cuando la Junta convocada de acuerdo con el apartado anterior no proceda al nombramiento de liquidadores, cualquier interesado podrá solicitar su designación al Juez de Primera Instancia del domicilio social.

Artículo 111. Duración del cargo.

1. Salvo disposición contraria de los estatutos, los liquidadores ejercerán su cargo por tiempo indefinido.

2. Transcurridos tres años desde la apertura de la liquidación sin que se haya sometido a la aprobación de la Junta General el balance final de liquidación, cualquier socio o persona con interés legítimo podrá solicitar del Juez de Primera Instancia del domicilio social la separación de los liquidadores. El Juez, previa audiencia de los liquidadores, acordará la separación si no existiere causa que justifique la dilación y nombrará liquidadores a la persona o personas que tenga por conveniente, fijando su régimen de actuación. Contra la resolución por la que se acuerde la separación y el nombramiento de liquidadores, no cabrá recurso alguno.

La retribución de los nuevos liquidadores será la establecida para los síndicos en caso de quiebra.

Artículo 112. Poder de representación.

1. Salvo disposición contraria de los estatutos, el poder de representación corresponderá a cada liquidador individualmen te.

2. La representación de los liquidadores se extiende a todas aquellas operaciones que sean necesarias para la liquidación de la sociedad.

Artículo 113. Separación de los liquidadores.

1. La separación de los liquidadores no designados judicial mente podrá ser acordada por la Junta General aún cuando no conste en el orden del día.

2. La separación de los liquidadores designados por el Juez solo podrá ser decidida por éste, a solicitud fundada de quien acredite interés legítimo.

Artículo 114. Régimen jurídico de los liquidadores.

Serán de aplicación a los liquidadores las normas establecidas para los administradores que no se opongan a lo dispuesto en esta sección.

Artículo 115. Las cuentas durante la liquidación.

1. En el plazo de tres meses a contar desde la apertura de la liquidación, los liquidadores formularán un inventario y un balance de la sociedad con referencia al día en que se hubiera disuelto.

2. Si la liquidación se prolongase por un plazo superior al previsto para la aprobación de las cuentas anuales, los liquida dores presentarán a la Junta General, dentro de los seis primeros meses de cada ejercicio un estado anual de cuentas y un informe pormenorizado que permitan apreciar con exactitud la situación de la sociedad y la marcha de la liquidación.

Artículo 116. Operaciones de liquidación.

Corresponde a los liquidadores de la sociedad:

a) Velar por la integridad del patrimonio social y llevar la contabilidad de la sociedad.

b) Concluir las operaciones pendientes y realizar las nuevas que sean necesarias para la liquidación de la sociedad.

c) Percibir los créditos y pagar las deudas sociales.

d) Enajenar los bienes sociales.

e) Comparecer en juicio y concertar transacciones y arbitrajes, cuando así convenga al interés social.

f) Satisfacer a los socios la cuota resultante de la liquidación.

Artículo 117. Cesión global del activo y del pasivo.

1. La Junta General, con los requisitos y la mayoría establecidos para la modificación de los estatutos, podrá acordar la cesión global del activo y

del pasivo a uno o varios socios o terceros, fijando las condiciones de la cesión.

2. El acuerdo de cesión se publicará una vez en el «Boletín Oficial del Registro Mercantil» y en un diario de gran circulación en el lugar del domicilio social, con expresión de la identidad del cesionario o cesionarios. En el anuncio se hará constar el derecho de los acreedores de la sociedad cedente y de los acreedores del cesionario o cesionarios a obtener el texto íntegro del acuerdo de cesión.

3. La cesión no podrá ser realizada antes de que transcurra un mes, contado desde la fecha del último anuncio publicado. Durante ese plazo, los acreedores de la sociedad cedente y del cesionario o cesionarios podrán oponerse a la cesión en las mismas condiciones y con los mismos efectos previstos para el caso de fusión. En el anuncio a que se refiere el apartado anterior deberá mencionarse expresamente este derecho.

4. La eficacia de la cesión quedará supeditada a la inscripción de la escritura pública de extinción de la sociedad.

Artículo 118. Balance final de liquidación.

1. Concluidas las operaciones de liquidación, los liquidado res someterán a la aprobación de la Junta General un balance final, un informe completo sobre dichas operaciones y un proyecto de división entre los socios del activo resultante.

2. El acuerdo aprobatorio podrá ser impugnado por los socios que no hubieran votado a favor del mismo, en el plazo de dos meses a contar desde la fecha de su adopción. Al admitir la demanda de impugnación, el Juez acordará de oficio la anotación preventiva de la misma en el Registro Mercantil.

Artículo 119. Cuota de liquidación.

1. Salvo disposición contraria de los estatutos sociales, la cuota de liqui-dación correspondiente a cada socio será proporcional a su participación en el capital social.

2. Salvo acuerdo unánime de los socios, éstos tendrán derecho a percibir en dinero la cuota resultante de la liquidación.

3. Los estatutos podrán establecer en favor de alguno o varios socios el derecho a que la cuota resultante de la liquidación les sea satisfecha mediante la restitución de las aportaciones no dinerarias realizadas o mediante la entrega de otros bienes sociales, si subsistieren en el patri-monio social, que serán apreciadas en su valor real al tiempo de aprobarse el proyecto de división entre los socios del activo resultante. En este caso, los liquidadores deberán enajenar primero los demás bienes sociales y si, una vez satisfechos los acreedores, el activo resultante fuere insuficiente para satisfacer a todos los socios su cuota de liquidación, los socios con derecho a percibirla en especie deberán pagar previamente en dinero a los demás socios la diferencia que corresponda.

Artículo 120. Pago de la cuota de liquidación.

Los liquidadores no podrán satisfacer la cuota de liquidación sin la previa satisfacción a los acreedores del importe de sus créditos o sin con-signarlo en una entidad de crédito del término municipal en que radique el domicilio social.

Artículo 121. Escritura pública de extinción de la sociedad.

Los liquidadores otorgarán escritura pública de extinción de la sociedad que contendrá:

a) La manifestación de los liquidadores de que ha transcurrido el plazo para la impugnación del acuerdo a que se refiere el apartado 2 del artículo

118 sin que se hayan formulado impugnaciones, o que ha alcanzado firmeza la sentencia que las hubiera resuelto.

b) La manifestación de los liquidadores de que se ha procedido al pago de los acreedores o a la consignación de sus créditos. En caso de cesión global del activo y del pasivo, la manifestación de inexistencia de oposición por parte de los acreedores o la identidad de quienes se hubieren opuesto, el importe de sus créditos y las garantías que al efecto hubiese prestado el cesionario.

c) La manifestación de los liquidadores de que se ha satisfecho a los socios la cuota resultante de la liquidación o consignado su importe.

A la escritura pública se incorporarán el balance final de liquidación y la relación de los socios, en la que conste su identidad y el valor de la cuota de liquidación que les hubiere correspondido a cada uno.

Artículo 122. Cancelación de los asientos registrales.

1. La escritura pública de extinción se inscribirá en el Registro Mercantil.

2. En la inscripción se transcribirá el balance final de liquidación y se hará constar la identidad de los socios y el valor de la cuota de liquidación que hubiere correspondido a cada uno de ellos, y se expresará que quedan cancelados todos los asientos relativos a la sociedad.

Artículo 123. Activo y pasivo sobrevenidos.

1. Cancelados los asientos relativos a la sociedad, si aparecieran bienes sociales los liquidadores deberán adjudicar a los antiguos socios la cuota adicional que les corresponda, previa conversión de los bienes en dinero cuando fuere necesario. Transcurridos seis meses desde que los liquidadores fueren requeridos para dar cumplimiento a lo establecido en el párrafo anterior, sin que hubieren adjudicado a los antiguos socios la cuota adicional, o en caso de defecto de liquidadores, cualquier interesado podrá solicitar del Juez de Primera Instancia del último domicilio social el

nombramiento de persona que los sustituya en el cumplimiento de sus funciones.

2. Los antiguos socios responderán solidariamente de las deudas sociales no satisfechas hasta el límite de lo que hubieran recibido como cuota de liquidación, sin perjuicio de la responsabilidad de los liquidadores en caso de dolo o culpa.

3. Para el cumplimiento de requisitos de forma relativos a actos jurídicos anteriores a la cancelación de los asientos de la sociedad, o cuando fuere necesario, los antiguos liquidadores podrán formalizar actos jurídicos en nombre de la sociedad extinguida con posterioridad a la cancelación registral de ésta. En defecto de liquidadores, cualquier interesado podrá solicitar la formalización por el Juez de Primera Instancia del domicilio que hubiere tenido la sociedad.

Artículo 124. Insolvencia de la sociedad en liquidación.

En caso de insolvencia de la sociedad, los liquidadores deberán solicitar, en el término de diez días a partir de aquél en que se haga patente esa situación, la declaración de suspen sión de pagos o de quiebra, según proceda.

Capítulo XI. Sociedad unipersonal de responsabilidad limitada

Artículo 125. Clases de sociedades unipersonales de responsabilidad limitada.

Se entiende por sociedad unipersonal de responsabilidad limitada:

a) La constituida por un único socio, sea persona natural o jurídica.
b) La constituida por dos o más socios cuando todas las participaciones hayan pasado a ser propiedad de un único socio. Se consideran propiedad

del único socio las participaciones sociales que pertenezcan a la sociedad unipersonal.

Artículo 126. Publicidad de la unipersonalidad.

1. La constitución de una sociedad unipersonal de responsabilidad limitada, la declaración de tal situación como consecuencia de haber pasado un único socio a ser propietario de todas las participaciones sociales, la pérdida de tal situación o el cambio del socio único como consecuencia de haberse transmitido alguna o todas las participaciones, se harán constar en escritura pública que se inscribirá en el Registro Mercantil. En la inscripción se expresará necesariamente la identidad del socio único.

2. En tanto subsista la situación de unipersonalidad, la sociedad hará constar expresamente su condición de unipersonal en toda su documentación, correspondencia, notas de pedido y facturas, así como en todos los anuncios que haya de publicar por disposición legal o estatutaria.

Artículo 127. Decisiones del socio único.

En la sociedad unipersonal de responsabilidad limitada el socio único ejercerá las competencias de la Junta General, en cuyo caso sus decisiones se consignarán en acta, bajo su firma o la de su representante, pudiendo ser ejecutadas y formalizadas por el propio socio o por los administradores de la sociedad.

Artículo 128. Contratación del socio único con la sociedad unipersonal.

1. Los contratos celebrados entre el socio único y la sociedad deberán constar por escrito o en la forma documental que exija la Ley de acuerdo con su naturaleza, y se transcribirán a un libro-registro de la sociedad que habrá de ser legalizado conforme a lo dispuesto para los libros de actas de las sociedades. En la memoria anual se hará referencia expresa e individualizada a estos contratos, con indicación de su naturaleza y condiciones.

2. En caso de insolvencia provisional o definitiva del socio único o de la sociedad, no serán oponibles a la masa aquellos contratos comprendidos en el apartado anterior que no hayan sido transcritos al libro-registro y no se hallen referenciados en la memoria anual o lo hayan sido en memoria no depositada con arreglo a la Ley.

3. Durante el plazo de dos años a contar desde la fecha de celebración de los contratos a que se refiere el apartado 1, el socio único responderá frente a la sociedad de las ventajas que directa o indirectamente haya obtenido en perjuicio de ésta como consecuencia de dichos contratos.

Artículo 129. Efectos de la unipersonalidad sobrevenida.

Transcurridos seis meses desde la adquisición por la sociedad del carácter unipersonal sin que esta circunstancia se hubiere inscrito en el Registro Mercantil, el socio único responderá personal, ilimitada y solidariamente de las deudas sociales contraídas durante el período de unipersonalidad. Inscrita la unipersonalidad, el socio único no responderá de las deudas contraídas con posterioridad

Disposiciones adicionales

Disposición adicional primera. Modificaciones del Código de Comercio.

1. Los apartados 1 y 2 del artículo 22 quedan redactados como sigue:

«1. En la hoja abierta a cada empresario individual se inscribirán los datos identificativos del mismo, así como su nombre comercial y, en su caso, el rótulo de su establecimiento, la sede de éste y de las sucursales, si las tuviere, el objeto de su empresa, la fecha de comienzo de las operaciones, los poderes generales que otorgue, el consentimiento, la oposición y la revocación a que se refieren los arts. 6 a 10; las capitulaciones matrimoniales, así como las sentencias firmes en materia de nulidad, de separación y de divorcio; y los demás extremos que establezcan las leyes o el Reglamento.

2. En la hoja abierta a las sociedades mercantiles y demás entidades a que se refiere el artículo 16 se inscribirán el acto constitutivo y sus modificaciones, la rescisión, disolución, reactivación, transformación, fusión o escisión de la entidad, la creación de sucursales, el nombramiento y cese de administradores, liquidadores y auditores, los poderes generales, la emisión de obligaciones u otros valores negociables agrupados en emisiones cuando la entidad inscrita pudiera emitirlos de conformidad con la ley, y cualesquiera otras circunstancias que determinen las leyes o el Reglamento.»

2. Se incorpora al artículo 34 un apartado 5, con la siguiente redacción:
«5. Las cuentas anuales deberán ser formuladas expresando los valores en pesetas.»

3. Se adiciona un apartado 2 al artículo 41 con la siguiente redacción, pasando a ser apartado 1 el anterior contenido del artículo 41:
«2. Las sociedades colectivas y comanditarias simples, cuando a la fecha de cierre del ejercicio todos los socios colectivos sean sociedades españolas o extranjeras, quedarán sometidas a lo dispuesto en el capítulo VII de la Ley de Sociedades Anónimas, con excepción de lo establecido en su sección 9.ª»

4. El apartado 6 del artículo 42 queda redactado como sigue:
«6. Las cuentas consolidadas habrán de someterse a la aprobación de la junta general ordinaria de la sociedad dominante simultáneamente con las cuentas anuales de esta sociedad. Los accionistas de las sociedades pertenecientes al grupo podrán obtener de la sociedad dominante los documentos sometidos a la aprobación de la junta, así como el informe de gestión del grupo y el informe de los auditores. El depósito de las cuentas consolidadas, del informe de gestión del grupo y del informe de los auditores de cuentas en el Registro Mercantil y la publicación del mismo se

efectuarán de conformidad con lo establecido para las cuentas anuales de las sociedades anónimas.»

Disposición adicional segunda. Modificaciones del texto refundido de la Ley de Sociedades Anónimas, aprobado por Real Decreto legislativo 1564/1989, de 22 de diciembre.

1. El artículo 14 queda redactado en la forma siguiente:

«**Artículo** 14. Número de fundadores.

En el caso de fundación simultánea o por convenio, serán fundadores las personas que otorguen la escritura social y suscriban todas las acciones.»

2. La letra d) del apartado 1 del artículo 34 queda redactada en la forma siguiente:
«d) Por no haber concurrido en el acto constitutivo la voluntad efectiva de, al menos, dos socios fundadores, en el caso de pluralidad de éstos, o del socio fundador cuando se trate de sociedad unipersonal.»

3. El apartado 2 del artículo 74 queda redactado de la forma siguiente:
«2. Las acciones suscritas infringiendo la prohibición del apartado anterior serán propiedad de la sociedad suscriptora. No obstante, cuando se trate de suscripción de acciones propias la obligación de desembolsar recaerá solidariamente sobre los socios fundadores o los promotores y, en caso de aumento del capital social, sobre los administradores. Si se tratare de suscripción de acciones de la sociedad dominante, la obligación de desembolsar recaerá solidariamente sobre los administradores de la sociedad adquirente y los administradores de la sociedad dominante.»

4. El párrafo segundo del número 1.º del artículo 75 queda redactado como sigue:

«Cuando la adquisición tenga por objeto acciones de la sociedad dominante, la autorización deberá proceder también de la junta general de esta sociedad.»

5. El número 2.º del artículo 75 queda redactado de la forma siguiente:
«2.º Que el valor nominal de las acciones adquiridas, sumándose al de las que ya posean la sociedad adquirente y sus filiales y, en su caso, la sociedad dominante y sus filiales, no exceda del diez por ciento del capital social.»

6. El número 3.º del artículo 75 queda redactado de la forma siguiente:
«3.º Que la adquisición permita a la sociedad adquirente y, en su caso, a la sociedad dominante dotar la reserva prescrita por la norma 3.ª del artículo 79, sin disminuir el capital ni las reservas legal o estatutariamente indisponibles.
Cuando la adquisición tenga por objeto acciones de la sociedad dominante, será necesario además que ésta hubiera podido dotar dicha reserva.»

7. El párrafo primero del apartado 1 del artículo 76 queda redactado de la forma siguiente:
«1. Las acciones adquiridas en contravención del artículo 74 o de cualquiera de los tres primeros números del artículo 75 deberán ser enajenadas en el plazo máximo de un año a contar desde la fecha de la primera adquisición.»

8. El apartado 1 del artículo 78 queda redactado como sigue:
«1. Las acciones regularmente adquiridas deberán ser enajenadas en un plazo máximo de tres años a contar de su adquisición, salvo que sean amortizadas por reducción del capital o que, sumadas a las que ya posean la sociedad adquirente y sus filiales y, en su caso, la sociedad dominante y sus filiales, no excedan del diez por ciento del capital social.»

9. La norma 3.ª del artículo 79 queda redactada de la forma siguiente:

«3.ª Se establecerá en el pasivo del balance de la sociedad adquirente una reserva indisponible equivalente al importe de las acciones propias o de la sociedad dominante computado en el activo. Esta reserva deberá mantenerse en tanto las acciones no sean enajenadas o amortizadas.»

10. El artículo 87 queda redactado de la forma siguiente:

«**Artículo** 87. Sociedad dominante.

1. A los efectos de esta sección se considerará sociedad dominante a la sociedad que, directa o indirectamente, disponga de la mayoría de los derechos de voto de otra sociedad o que, por cualesquiera otros medios, pueda ejercer una influencia dominante sobre su actuación.

2. En particular, se presumirá que una sociedad puede ejercer una influencia dominante sobre otra cuando se encuentre con relación a ésta en alguno de los supuestos previstos en el número 1 del artículo 42 del Código de Comercio o, cuando menos, la mitad más uno de los consejeros de la dominada sean consejeros o altos directivos de la dominante o de otra dominada por ésta.

A efectos de lo previsto en el presente artículo, a los derechos de la dominante se añadirán los que posea a través de otras entidades dominadas o a través de otras personas que actúen por cuenta de la sociedad dominante o de otras dominadas o aquéllos de los que disponga concertadamente con cualquier otra persona.

3. Las disposiciones de esta sección referidas a operaciones que tienen por objeto acciones de la sociedad dominante serán de aplicación aún cuando la sociedad que las realice no sea de nacionalidad española.»

11. El artículo 89 queda redactado de la forma siguiente:

«**Artículo** 89. Régimen sancionador.

1. Se reputará infracción el incumplimiento de las obliga ciones o la vulneración de las prohibiciones establecidas en la presente sección.

2. Las infracciones anteriores se sancionarán con multa por importe de hasta el valor nominal de las acciones suscritas, adquiridas por la sociedad o por un tercero con asistencia financiera, o aceptadas en garantía o, en su caso, las no enajenadas o amortizadas.

Para la graduación de la multa se atenderá a la entidad de la infracción, así como a los perjuicios ocasionados a la sociedad, a los accionistas de la misma, y a terceros.

3. Se reputarán como responsables de la infracción a los administradores de la sociedad infractora y, en su caso, a los de la sociedad dominante que hayan inducido a cometer la infracción. Se considerarán como administradores no solo a los miembros del consejo de administración, sino también a los directivos o personas con poder de representación de la sociedad infractora. La responsabilidad se exigirá conforme a los criterios previstos en los arts. 127 y 133 de la presente Ley.

4. Las infracciones y las sanciones contenidas en el presente artículo prescribirán a los tres años, computándose de acuerdo con lo dispuesto en el artículo 132 de la Ley 30/1992, de 26 de noviembre, de Régimen Jurídico de las Administraciones Públicas y del Procedimiento Administrativo Común.

5. La competencia para la iniciación, instrucción y resolución de los expedientes sancionadores resultantes de lo dispuesto en la presente sección se atribuye a la Comisión Nacional del Mercado de Valores. En el caso de que el expediente sancionador recayera sobre los administradores de una entidad de crédito o de una entidad aseguradora, o sobre los administradores de una entidad integrada en un grupo consolidable de entidades financieras sujeto a la supervisión del Banco de España o de la Dirección General de Seguros, la Comisión Nacional del Mercado de Valores comunicará a las mencionadas entidades supervisoras la apertura

del expediente, las cuales deberán también informar con carácter previo a la resolución.»

12. Se adiciona al apartado 1 del artículo 119 el siguiente párrafo:
«Contra las sentencias que dicten las Audiencias Provincia les procederá, en todo caso, el recurso de casación.»

13. El artículo 181 queda redactado de la forma siguiente:

«**Artículo** 181. Balance abreviado.

1. Podrán formular balance abreviado las sociedades que durante dos ejercicios consecutivos reúnan, a la fecha de cierre de cada uno de ellos, al menos dos de las circunstancias siguientes:

a) Que el total de las partidas del activo no supere los trescientos millones de pesetas.
b) Que el importe neto de su cifra anual de negocios no supere los seiscientos millones de pesetas.
c) Que el número medio de trabajadores empleados durante el ejercicio no sea superior a cincuenta.
Las sociedades no perderán la facultad de formular balance abreviado si no dejan de reunir, durante dos ejercicios consecutivos, dos de las circunstancias a que se refiere el párrafo anterior.

2. En el primer ejercicio social desde su constitución, transformación o fusión, las sociedades podrán formular balance abreviado si reúnen, al cierre de dicho ejercicio, al menos dos de las tres circunstancias expresadas en el apartado anterior.

3. El balance abreviado comprenderá únicamente las partidas del esquema establecido en el artículo 175, con mención separada del importe de los créditos y las deudas cuya duración residual sea superior a un año, en las

formas establecidas en dicho artículo pero globalmente para cada una de esas partidas.»

14. El artículo 190 queda redactado de la forma siguiente:

«**Artículo** 190. Cuenta de pérdidas y ganancias abreviada.

1. Podrán formular cuenta de pérdidas y ganancias abreviada las sociedades que durante dos ejercicios consecutivos reúnan, a la fecha de cierre de cada uno de ellos, al menos dos de las circunstancias siguientes:

a) Que el total de las partidas de activo no supere los mil doscientos millones de pesetas.
b) Que el importe neto de su cifra anual de negocios no supere los dos mil cuatrocientos millones de pesetas.
c) Que el número medio de trabajadores empleados durante el ejercicio no sea superior a doscientos cincuenta.
Las sociedades no perderán la facultad de formular cuenta de pérdidas y ganancias abreviada si no dejan de reunir, durante dos ejercicios consecutivos, dos de las circunstancias a que se refiere el párrafo anterior.

2. En el primer ejercicio social desde su constitución, transformación o fusión, las sociedades podrán formular cuenta de pérdidas y ganancias abreviada si reúnen, al cierre de dicho ejercicio, al menos dos de las tres circunstancias expresadas en el apartado anterior.

3. Para formar la cuenta de pérdidas y ganancias abreviada se agruparán las partidas A1, A2 y B2, por un lado, y B1, B3 y B4, por otro, para incluirlas en una sola partida denominada, según el caso, «Consumos de Explotación» o «Ingresos de Explotación».

15. El párrafo primero de la indicación segunda del artículo 200 queda redactado como sigue:

«Segunda. La denominación, domicilio y forma jurídica de las sociedades en las que la sociedad sea socio colectivo o en las que posea, directa o indirectamente, como mínimo el tres por ciento del capital para aquellas sociedades que tengan valores admitidos a cotización en mercado secundario oficial y el veinte por ciento para el resto, con indicación de la fracción de capital que posea, así como el importe del capital y de las reservas y del resultado del último ejercicio de aquéllas.»

16. El artículo 201 queda redactado como sigue:

«**Artículo** 201. Memoria abreviada.

Las sociedades que pueden formular balance abreviado podrán omitir en la memoria las indicaciones cuarta a undécima a que se refiere el artículo anterior. No obstante, la memoria deberá expresar de forma global los datos a que se refiere la indicación sexta de dicho artículo.»

17. Se introduce un apartado 3 en el artículo 202 con la siguiente redacción:
«3. Las sociedades que formulen balance abreviado no estarán obligadas a elaborar el informe de gestión. En ese caso, si la sociedad hubiera adquirido acciones propias o de su sociedad dominante, deberá incluir en la memoria, como mínimo, las menciones exigidas por la norma 4.ª del artículo 79.»

18. El apartado 1 del artículo 204 queda redactado de la forma siguiente:
«1. Las personas que deben ejercer la Auditoría de cuentas serán nombradas por la junta general antes de que finalice el ejercicio a auditar, por un período de tiempo determinado inicial, que no podrá ser inferior a tres años ni superior a nueve a contar desde la fecha en que se inicie el primer ejercicio a auditar, pudiendo ser reelegidas por la junta general anualmente una vez haya finalizado el período inicial.»

19. El apartado 2 del artículo 212 queda redactado de la forma siguiente:

«2. A partir de la convocatoria de la junta general, cualquier accionista podrá obtener de la sociedad, de forma inmediata y gratuita, los documentos que han de ser sometidos a la aprobación de la misma, así como en su caso, el informe de gestión y el informe de los auditores de cuentas.

En la convocatoria se hará mención de este derecho.»

20. El artículo 221 queda redactado como sigue:

«**Artículo** 221. Régimen sancionador.

1. El incumplimiento por el órgano de la administración de la obligación de depositar, dentro del plazo establecido, los documentos a que se refiere esta sección dará lugar a que no se inscriba en el Registro Mercantil documento alguno referido a la sociedad mientras el incumplimiento persista. Se exceptúan los títulos relativos al cese o dimisión de administradores, gerentes, directores generales o liquidadores, y a la revocación o renuncia de poderes, así como a la disolución de la sociedad y nombramiento de liquidadores y a los asientos ordenados por la Autoridad judicial o administrativa.

El incumplimiento de la obligación de que trata el párrafo anterior también dará lugar a la imposición a la sociedad de una multa por importe de doscientas mil a diez millones de pesetas por el Instituto de Contabilidad y Auditoría de Cuentas, previa instrucción de expediente conforme al procedimiento establecido reglamentariamente, de acuerdo con lo dispuesto en la Ley de Régimen Jurídico de las Administraciones Públicas y del Procedimiento Administrativo Común.

2. La sanción a imponer se determinará atendiendo a la dimensión de la sociedad, en función del importe total de las partidas del activo y de su cifra de ventas, referidos ambos datos al último ejercicio declarado a la Administración Tributa ria. Estos datos deberán ser facilitados al instructor por la sociedad» su incumplimiento se considerará a los efectos de la determinación de la sanción. En el supuesto de no disponer de dichos datos, la cuantía de la sanción se fijará de acuerdo con su cifra de capital

social, que a tal efecto se solicitará del Registro Mercantil correspondiente.

3. En el supuesto de que los documentos a que se refiere esta sección hubiesen sido depositados con anterioridad a la iniciación del procedimiento sancionador, la sanción se impondrá en su grado mínimo y reducida en un cincuenta por ciento.

4. Las infracciones a que se refiere este artículo prescribirán a los tres años.»

21. Se añade al artículo 222 un segundo párrafo con la siguiente redacción:
    «Las cuentas anuales, incluidas las consolidadas, además de publicarse en pesetas, podrán publicarse en ecus. En la memoria se expresará el tipo de conversión, que será el del día del cierre del balance.»

22. El artículo 226 queda redactado como sigue:

«**Artículo** 226. Transformación en sociedad de responsabilidad limitada.

En los casos de transformación de sociedades anónimas en sociedades de responsabilidad limitada, los accionistas que no hayan votado en favor del acuerdo no quedarán sometidos a lo dispuesto en la sección segunda del capítulo IV de la Ley de Sociedades de Responsabilidad Limitada durante un plazo de tres meses contados desde la publicación de la transformación en el «Boletín Oficial del Registro Mercantil».

23. Se introduce un nuevo capítulo que, con el número XI y bajo el título «De la sociedad anónima unipersonal», estará integrado por el siguiente artículo:

«**Artículo** 311. Sociedad anónima unipersonal.

Será de aplicación a la sociedad anónima unipersonal lo dispuesto en el capítulo XI de la Ley de Sociedades de Responsabilidad Limitada.»

24. Se suprimen los apartados 3 y 4 de la disposición transitoria cuarta, y se añade un apartado 4 a la disposición transitoria tercera de dicho Real Decreto legislativo, que tendrá la redacción siguiente:
«4. A partir del 31 de diciembre de 1995, no se inscribirá en el Registro Mercantil documento alguno de sociedad anónima hasta tanto no se haya inscrito la adaptación de sus estatutos a lo dispuesto en esta Ley, si estuvieran en contradicción con sus preceptos. Se exceptúan los títulos relativos a la adaptación a la presente Ley, al cese o dimisión de administradores, gerentes, directores generales y liquidadores, y a la revocación o renuncia de poderes, así como a la transformación de la sociedad o a su disolución y nombramiento de liquidadores y los asientos ordenados por la autoridad judicial o administrativa.»

25. El apartado 1 de la disposición transitoria sexta queda redactado como sigue:
«1. A partir de la fecha máxima establecida para la adecuación de la cifra del capital social al mínimo legal, no se inscribirá en el Registro Mercantil documento alguno de sociedad anónima que no hubiera procedido a dicha adecuación. Se exceptúan los títulos relativos a la adaptación a la presente Ley, al cese o dimisión de administradores, gerentes, directores generales y liquidadores, y a la revocación o renuncia de poderes, así como a la transformación de la sociedad o a su disolución y nombra miento de liquidadores, y a los asientos ordenados por la autoridad judicial o administrativa».

Disposición adicional tercera. Prohibición de emitir obligaciones.

A partir de la entrada en vigor de la presente Ley, las personas físicas y las sociedades civiles, colectivas y comanditarias simples, no podrán emitir ni garantizar la emisión de obligaciones u otros valores negociables agrupados en emisiones.

Disposición adicional cuarta. Tributación de la transmisión de participaciones sociales.

El régimen de tributación de la transmisión de las participaciones sociales será el establecido para la transmisión de valores en el artículo 108 de la Ley 24/1988, de 28 de julio, del Mercado de Valores.

Disposición adicional quinta. Sociedades unipersonales.

El apartado 2 del artículo 126, los apartados 2 y 3 del artículo 128 y el artículo 129 de la presente Ley, no serán de aplicación a las sociedades anónimas o de responsabilidad limitada cuyo capital sea propiedad del Estado, Comunidades Autónomas o Corporaciones locales, o de organismos o entidades de ellos dependientes.

Disposición adicional sexta. Modificación de la Ley de Auditoría de Cuentas.

El apartado 4 del artículo 8 de la Ley 19/1988, de 12 de julio, de Auditoría de Cuentas, queda redactado de la forma siguiente:
«4. Los auditores serán contratados por un período de tiempo determinado inicial, que no podrá ser inferior a tres años ni superior a nueve a contar desde la fecha en que se inicie el primer ejercicio a auditar, pudiendo ser contratados anualmente una vez haya finalizado el período inicial.
No obstante, cuando las auditorías de cuentas no fueran obligatorias, no serán de aplicación las limitaciones establecidas en el párrafo anterior.»

Disposición adicional séptima. Sociedades Laborales.

En el plazo de tres meses a contar desde la publicación en el «Boletín Oficial del Estado» de la presente Ley, el Gobierno remitirá a las Cortes Generales un proyecto de Ley de Sociedades Laborales, en el que se actualice el régimen jurídico de la sociedad anónima laboral y se regule la sociedad de responsabilidad limitada laboral.

Disposiciones transitorias

Disposición transitoria primera. Aplicación temporal de la Ley.

La presente Ley se aplicará a todas las sociedades de responsabilidad limitada, cualquiera que sea la fecha de su constitución, quedando sin efecto a partir de su entrada en vigor aquellas disposiciones de las escrituras o estatutos sociales que se opongan a lo establecido en ella.

Disposición transitoria segunda. Adaptación de las sociedades a las previsiones de la Ley.

1. Dentro del plazo de tres años a contar desde la entrada en vigor de la presente Ley, las sociedades de responsabilidad limitada constituidas con anterioridad a la vigencia de la misma deberán adaptar a ella las disposiciones de las escrituras o estatutos sociales, si estuvieran en contradicción con sus preceptos.

2. Dentro del mismo plazo, las sociedades constituidas con anterioridad a la entrada en vigor de la presente Ley y que consideren que sus escrituras o estatutos sociales son conformes con los preceptos de la misma, presentarán los correspondientes títulos en el Registro Mercantil. Si el Registrador encontrara conformes el título o títulos presentados, lo hará constar así en los propios títulos y por nota al margen de la última inscripción de la sociedad. En otro caso, extenderá al pie del título nota expresiva de la necesidad de adaptación. Esta calificación estará sujeta al sistema de recursos establecido en el Reglamento del Registro Mercantil.

3. Por el Gobierno, a propuesta del Ministro de Justicia e Interior, se fijará una reducción en los derechos que los Notarios y los Registradores Mercantiles hayan de percibir como consecuencia de la aplicación de

sus respectivos aranceles por los actos y documentos necesarios para la adaptación de las sociedades existentes a lo previsto en la presente Ley, y para la inscripción en el Registro Mercantil de los sujetos obligados a hacerlo en virtud de las disposiciones de la misma.

4. Del mismo modo se fijará la reducción del importe de la publicación en el «Boletín Oficial del Registro Mercantil» de la inscripción de la adaptación o de la inscripción de los sujetos obligados a hacerlo en virtud de las disposiciones de la presente Ley.

Disposición transitoria tercera. Inscripción de documentos en el Registro Mercantil.

Transcurridos tres años desde la entrada en vigor de la presente Ley, no se inscribirá en el Registro Mercantil documento alguno de sociedad de responsabilidad limitada hasta tanto no se haya inscrito la adaptación de su escritura o estatutos sociales o practicado la nota marginal de conformidad. Se exceptúan los títulos relativos a la adaptación a la presente Ley, al cese o dimisión de administradores, gerentes, directores generales o liquidadores, y a la revocación o renuncia de poderes, así como a la transformación de la sociedad o a su disolución y nombra miento de liquidadores y los asientos ordenados por la autoridad judicial o administrativa.

Disposición transitoria cuarta. Acuerdos sociales de adaptación.

Los acuerdos por los que se proceda a adaptar la escritura o los estatutos sociales a la presente Ley serán válidos si vota a favor de los mismos la mayoría del capital social, cualesquiera que sean las disposiciones de la escritura o estatutos sociales sobre el régimen de constitución o las mayorías de votación. Cualquier socio o administrador estará legitimado para solicitar del órgano de administración la convocatoria de la Junta General con esta finalidad y si, transcurridos dos meses desde la solicitud, la convocatoria no hubiere sido publicada, podrán solicitarla del Juez de Primera Instancia del domicilio social quien, previa audiencia de los administradores, acordará lo que proceda designando, en su caso, la persona que habrá de presidir la reunión.

Disposición transitoria quinta. Exenciones tributarias.

Quedarán exentos de tributos y exacciones de todas clases los actos y documentos legalmente necesarios para que las sociedades constituidas con arreglo a la legislación anterior puedan dar cumplimiento a lo establecido en la presente Ley dentro del plazo establecido en la disposición transitoria segunda.

A las aportaciones a sociedades unipersonales de responsabilidad limitada de unidades económicas autónomas por empresarios individuales, les será de aplicación, en sus propios términos, lo dispuesto en la disposición adicional segunda de la Ley 29/1991, de 16 de diciembre, de adecuación de determinados conceptos impositivos a las Directivas y Reglamentos de las Comunidades Europeas.

Disposición transitoria sexta. Plazos para la amortización de participaciones propias.

1. Las participaciones propias poseídas por la sociedad al momento de entrada en vigor de la presente Ley, en la medida en que infrinjan lo dispuesto en la sección 4.ª de su capítulo IV, habrán de ser amortizadas en el plazo de un año, con la consiguiente reducción del capital.

2. Las participaciones o acciones de la sociedad dominante poseídas por la sociedad al momento de entrada en vigor de la presente Ley, en la medida en que infrinjan lo dispuesto en la sección 4.ª de su capítulo IV, habrán de ser enajenadas en el plazo de un año.

3. Si la sociedad no adoptara las medidas establecidas en los apartados anteriores, cualquier interesado podrá solicitar su adopción por la autoridad judicial. Los administradores y, en su caso, los liquidadores, están

obligados a solicitar de la autoridad judicial la amortización de las participaciones cuando el acuerdo social fuese contrario a la reducción del capital o no pudiera ser adoptado.

Las participaciones o acciones de la sociedad dominante serán vendidas judicialmente a instancia de parte interesada.

Disposición transitoria séptima. Validez de las emisiones de obligaciones ya acordadas.

Serán válidas y se regirán por lo dispuesto en la Ley 211/1964, de 24 de diciembre, las emisiones de obligaciones u otros valores negociables agrupados en emisiones que, con anterioridad a la entrada en vigor de la presente Ley, hubieran sido acordadas por sociedades de responsabilidad limitada, colectivas o comanditarias simples, siempre que la fecha de adopción del correspondiente acuerdo conste en documento público o se acredite por cualquiera de las formas previstas en el artículo 1227 del Código Civil.

Igualmente serán válidas las emisiones de obligaciones u otros valores negociables agrupados en emisiones realizadas por empresarios individuales con arreglo a la legislación anterior y cuya formalización en escritura pública haya tenido lugar antes de la entrada en vigor de la presente Ley.

Disposición transitoria octava. Sociedades unipersonales preexistentes.

1. Antes del día 1 de enero de 1996, las sociedades anónimas o de responsabilidad limitada que a la entrada en vigor de la presente Ley se hallaren en alguna de las situaciones a que se refiere el artículo 125, deberán presentar en el Registro Mercantil, para su inscripción, una declaración suscrita por persona con facultad certificante y firma legitimada en la que se indicará la identidad del socio único.

2. En caso de incumplimiento de lo dispuesto en el apartado anterior, el socio único responderá en los términos del artículo 129.

Disposiciones finales

Disposición final primera. Entrada en vigor de la Ley.

La presente Ley entrará en vigor el día 1 de junio de 1995.

Disposición final segunda. Régimen de vigencia aplicable a las cuentas anuales.

El apartado 2 de la disposición adicional primera y los apartados 11, 12, 13, 14, 15, 16, 17, 18 y 19 de la disposición adicional segunda, se aplicarán a las cuentas anuales a partir de los ejercicios sociales que den comienzo el día 1 de enero de 1995 o en el transcurso de dicho año.

Por tanto,

Mando a todos los españoles, particulares y autoridades que guarden y hagan guardar esta Ley.

Disposición derogatoria

Disposición derogatoria primera. Derogación de la Ley de 17 de julio de 1953.

A la entrada en vigor de la presente Ley quedará derogada la Ley de 17 de julio de 1953, sobre régimen jurídico de las Sociedades de Responsabilidad Limitada.

Disposición derogatoria segunda. Derogación de la norma sobre disolución de pleno derecho.

Queda derogada la norma sobre disolución de pleno derecho de las sociedades de responsabilidad limitada contenida en el último inciso del apartado 2 de la disposición transitoria sexta de la Ley 19/1989, de 25 de julio.

Libros a la carta

A la carta es un servicio especializado para
empresas,
librerías,
bibliotecas,
editoriales
y centros de enseñanza;
y permite confeccionar libros que, por su formato y concepción, sirven
a los propósitos más específicos de estas instituciones.

Las empresas nos encargan ediciones personalizadas para marketing
editorial o para regalos institucionales. Y los interesados solicitan, a título
personal, ediciones antiguas, o no disponibles en el mercado; y las acompañan con notas y comentarios críticos.

Las ediciones tienen como apoyo un libro de estilo con todo tipo de
referencias sobre los criterios de tratamiento tipográfico aplicados a nuestros libros que puede ser consultado en Linkgua-ediciones.com.

Linkgua edita por encargo diferentes versiones de una misma obra con
distintos tratamientos ortotipográficos (actualizaciones de carácter divulgativo de un clásico, o versiones estrictamente fieles a la edición original
de referencia).

Este servicio de ediciones a la carta le permitirá, si usted se dedica a
la enseñanza, tener una forma de hacer pública su interpretación de un
texto y, sobre una versión digitalizada «base», usted podrá introducir interpretaciones del texto fuente. Es un tópico que los profesores denuncien
en clase los desmanes de una edición, o vayan comentando errores de
interpretación de un texto y esta es una solución útil a esa necesidad del
mundo académico.

Asimismo publicamos de manera sistemática, en un mismo catálogo,
tesis doctorales y actas de congresos académicos, que son distribuidas a
través de nuestra Web.

El servicio de «libros a la carta» funciona de dos formas.

1. Tenemos un fondo de libros digitalizados que usted puede personalizar en tiradas de al menos cinco ejemplares. Estas personalizaciones
pueden ser de todo tipo: añadir notas de clase para uso de un grupo de

estudiantes, introducir logos corporativos para uso con fines de marketing empresarial, etc. etc.

2. Buscamos libros descatalogados de otras editoriales y los reeditamos en tiradas cortas a petición de un cliente.

www.ingramcontent.com/pod-product-compliance
Lightning Source LLC
Chambersburg PA
CBHW022047190326

41520CB00008B/734